신태영의
이혼 소송
1704~1713

신태영의
이혼 소송
1704~1713

강명관 지음

Humanist

책머리에

 주지하다시피 조선은 유교적 가부장제에 의해 움직이는 사회였다. 곧 가부장의 권력, 남성의 권력이 일방적으로 작동하고 있었다. 여기에 조선이 사족±族 사회란 것을 고려한다면, 조선은 남성-사족의 이익이 일방적으로 관철되는 사회라는 것을 의미한다. 그렇다면 조선 사회의 하위 주체들은 그야말로 사족에게 지배되는 자들일 뿐이었을까?

 나는 2009년에 쓴《열녀의 탄생》에서 남성-사족이《삼강행실도》등의 텍스트를 동원하여 여성을 남성에게 성적으로 종속된 존재로 만드는, 곧 여성의 주체를 박탈하는 과정을 서술했다. 하지만 문제는 여전히 남았다. 여성이 남성-사족의 권력적 대상, 곧 수동적인 대상으로만 전락한 것이 사실이라면 그것은 인간의 주체성의 존재 자체를 부정하는 것이다. 달리 말하자면 남성-사족이 여성을 가부장적 담론으로 세뇌했을 때 여성이 일방적으로 순응한 것이 사실이라면, 인간은 결국 권력의 타자로서 주체 없는 사물에 불과할 것이다.

질문은 이렇게 제기할 수 있지만, 그 질문에 답할 자료는 거의 남아 있지 않다. 여성은 자신을 표현할 수단을 갖지 못했기 때문이다. 남성이 유교적 가부장제를 선전하는 문헌은 흔하디흔하지만, 여성이 가부장제의 권력 집행에 어떻게 대응했는지를 알리는 문헌은 거의 없는 것이다. 이 책에서 다루고자 하는 신태영申泰英이란 여성의 이혼 사건 역시 아주 희귀한 경우다. 신태영과 그의 남편 유정기兪正其의 이혼에 관련된 기록들이 《조선왕조실록》과 《승정원일기》 등에 남아 있는데, 이 자료들 역시 모두 남성이 남긴 것이다. 하지만 그 속에 신태영의 육성이 일부 채록되어 있다. 만약 신태영의 육성이 없다면 이 사건은 다룰 만한 매력이 없었을 것이다. 나는 이 좁쌀만 한 자료를 중심으로 이 희귀한 이혼 사건을 재구성하고 음미함으로써 가부장제의 권력 집행에 대해 여성이 어떻게 대응해나갔는지를 탐색하려 한다. 그것은 곧 소수자로서 혹은 하위 주체로서의 여성이 남성의 권력에 대응한 역사의 일단을 살펴보려는 것이다.

앞으로 해야 할 공부가 많다. 무당과 기녀, 여타 천민 여성이나 상민 여성의 삶과 생각도 궁금하다. 자료는 드물지만 남은 조각이라도 알뜰히 모아 찬찬히 궁리할 필요가 있는 것이다. 해야 할 공부는 많은데 시간은 너무 빨리 지나간다.

2016년 3월
책주산실冊酒山室에서
강명관

차례

서장 | 유교적 가부장제 속 남녀 관계

조선을 건국한 남성-사족은 성리학에 입각해 남/녀 관계에서 여성의 지위를 조정하여 여성을 남성에게 종속시키고자 하였다. 구체적으로 《소학小學》에 실린 여성 차별의 원리, 곧 '삼종지도三從之道'와 한 번 결혼하면 다시 결혼할 수 없다는 '일초불개一醮不改'를 제도화하고 여성에게 내면화하고자 하였다. 풀어 말하자면, 여성은 사유와 행위의 주체가 될 수 없으며, 오직 한 남성에게 성적으로 종속되어 가계의 생물학적 재생산과 가부장제를 유지하기 위한 가사노동, 즉 취사와 직조 등은 물론이고 봉제사奉祭祀, 접빈객接賓客과 같은 사족 가문의 유지를 위한 노동을 담당해야 하는 존재라는 것이다.

유교적 가부장제는 드러내놓고 언명하지는 않았지만, 복수적 성관계를 긍정하는 남성의 성적 욕망을 바탕으로 한 것이었다. 조선 초기의 자료로 이에 대해 간단히 거론한다. 조선이 건국되고 꼭 10년 뒤인 1402년, 태종은 예조와 영춘추관사領春秋館事 하윤河崙과 지춘추관사

知春秋館事 권근權近 등에게 하夏·은殷·주周 삼대三代 이하 역대 왕들의 비빈妃嬪의 수와 고려 왕들의 비빈과 시녀의 수를 조사해 보고하게 하였다. 예조의 보고는 다음과 같았다.

신 등이 삼가 〈혼의昏義〉를 조사해보았더니 "제후諸侯는 모두 아홉 명의 여자와 결혼한다. 한 나라의 여자와 결혼을 하면 두 나라에서 잉첩媵妾을 보내는데, 모두 조카나 동생으로 따라가게 한다. 경대부卿大夫는 1처妻 2첩妾이고, 사士는 1처 1첩인데, 후손을 넓히고 음란함을 막는 방법이다." 하였습니다. 전조前朝(고려)의 경우 결혼 제도가 명확하게 정해져 있지 않아 적嫡과 첩妾의 제한이 없었습니다. 많을 때는 정해진 수를 넘어 참란僭亂하게 되었고, 적을 경우는 정해진 수를 채우지 못해 후사가 끊기기도 하였습니다.

이처럼 선왕의 법을 따르지 않아 큰 윤리를 어지럽힌 것은 작은 일이 아닙니다. 우리나라는 모든 일을 언제나 성헌成憲을 따르는데, 결혼의 법은 옛날의 폐단을 그대로 따르고 있으니 시초를 바로잡는 도리가 아닙니다. 삼가 바라옵건대 전하께서는 한결같이 선왕의 제도에 의하여 궁곤宮壼의 법을 갖추시고, 경·대부·사 역시 정해진 제도에 의해 후사를 끊는 지경에 이르지 않게 하시되, 함부로 정해진 수를 넘지 못하게 하여 인륜을 바로잡으소서. 만약 어기는 자가 있다면 헌사憲司에서 살펴 바로잡게 하소서.[1]

《예기禮記》의 〈혼의〉에서 정한 대로 왕과 경·대부·사가 정처와 첩을 가질 수 있도록 하자는 것이다. 다만 《예기》의 〈혼의〉에는 앞의 인용

부분이 없다. 그것은 《춘추공양전春秋公羊傳》을 비롯한 고대의 문헌에 보이는 것으로,《의례儀禮》와 《예기》 등의 주해에 자주 등장했다. 물론 이 점이 중요한 것은 아니다. 중요한 것은 유가의 경전에 남성이 복수의 여성과 성관계를 가질 수 있는 제도를 마련해두고 있다는 점이다. 왜 건국 초기에 고대 중국의 결혼 제도를 인용해야 했던 것인가.《태종실록》은 위의 인용에 이어 다음 말을 덧붙이고 있다.

> 이때에 상(태종)은 즉위한 지 오래되지 않아 빈어嬪御(빈첩嬪妾)를 갖추지 못했고, 다만 평상시의 시녀만이 있을 뿐이었다. 정비靜妃의 투기가 심해 (태종의 은혜가) 아래에 이를 수가 없었기에 상이 빈어를 갖추고자 한 것이다.[2]

요컨대 태종은 왕이 되었지만 정비인 원경왕후元敬王后의 질투로 인해 다른 여성과 관계를 가질 수 없었다. 아직도 공계적共系的 친족제가 유지되고 있는 상황이어서 왕도 드러내놓고 복수의 성적 파트너를 가질 수 없었던 것이다. 그는 하는 수 없이 유가의 고전에서 자신의 복수적 성관계에 대한 정당성을 얻고자 했던 것이다.

하지만 예조와 하윤, 권근 등의 발언이 곧장 제도화될 수는 없었다. 제도화가 이루어진 것은 10년이 지난 뒤였다. 1411년 예조는 왕의 결혼 제도에 대한 의견을 올렸다.

> 《예기》〈곡례曲禮〉에는 "공후公侯는 부인이 있고, 세부世婦가 있고, 처妻가 있고, 첩妾이 있다." 하고, 그 수는 말하지 않았습니다.

〈혼의〉에는 "천자의 후后는 6궁宮, 3부인, 9빈嬪, 27세부, 81어처御妻를 세워 천하의 내치內治를 듣고, 천자는 6관官, 3공公, 9경卿, 27대부大夫, 81원사元士를 세워 천하의 외치外治를 듣는다." 하였으니, 내치의 수가 외치의 수와 같았습니다.

〈왕제王制〉에는 "대국은 3경, 하대부下大夫 5인, 상사上士 27인"이라고 하였습니다.

〈제의祭義〉에는 "제후의 부인이 3궁宮을 세우면 대국의 부인은 3궁, 3세부, 5처, 27첩을 세운다." 하였습니다.

《춘추호씨전春秋胡氏傳》을 살펴보면 "제후는 한 번에 아홉 명의 여자와 결혼한다. 적부인嫡夫人이 가면 조카와 동생이 따른다. 그런즉 부인이 한 명이고, 잉첩이 두 명이고, 조카와 동생이 여섯 명이다." 하였습니다.

신들이 생각하건대 한漢나라 이래로 천자의 후后를 황후皇后라 하였고, 제후의 부인을 비妃라 하였습니다. 지금 우리나라는 적비嫡妃가 있어 중궁에 자리를 바로잡고 있으나, 옛날의 제도에 견주어본다면 갖추지 못한 것이 있습니다.

바라옵건대 옛날의 제도를 따라 훈勳·현賢·충忠·의義의 후손 중에서 잘 골라서 3세부世婦, 5처妻의 수를 갖추고, 그 칭호는 세부를 빈嬪으로, 처를 잉媵으로 해서 후세의 법이 되게 한다면 많은 사람의 바람을 충족시킬 수 있을 것입니다.[3]

이런 요청에 대해 태종은 '1빈嬪 2잉媵'을 갖추는 것을 제도로 하라고 명한다. 물론 태종의 말처럼 '1빈 2잉'이 원칙이 되지는 않았다. 여기서 중요한 것은 예조가 《예기》와 같은 고전을 더욱 꼼꼼하게 읽고 남성의 복수적 성관계를 정당화하고 있다는 것이다. 물론 이것은 왕에게 올린 글이지만, 그 속에 포함된 언표들은 유교적 가부장제 안에서 사족들의 처첩제를 정당화하는 구실이 된 것이다.

이런 예에서 보듯, 유교적 가부장제는 여성과의 관계를 정립하는 것에 일차적인 목적이 있었다. 가부장제는 여성에게 끊임없이 일부종사, 곧 결혼으로 맺어진 한 명의 남성과의 성관계만 유일하게 윤리적이고 합법적인 것으로, 그 외의 남성과의 성관계는 모두 불법적이거나 비윤리적인 것이라고 주장하였다. 하지만 남성의 경우 복수적 성관계는 윤리적 제재의 대상이 아니었다. 조선 건국 이후 처첩제妻妾制는 공인되었고, 남성은 능력에 따라 여러 명의 첩을 거느릴 수 있었다. 그 외 사비私婢와 관비官婢, 그리고 기녀와 성관계를 가질 수도 있었다. 더 많은 복수적 성관계는 때로 남성다움을 과시하는 수단이기도 하였다. 이러한 비대칭적 성관계의 기회가 여성의 불만을 산 것은 당연한 일이다.

남성에게 종속되는 여성, 곧 차별받는 여성을 제작하기 위해 남성–사족은 여러 장치를 고안하였다. 《삼강행실도三綱行實圖》 〈열녀편烈女篇〉을 편집하여 '열녀烈女'를 발명해서 성적 종속성의 실천을 적극적으로 유도·장려하는가 하면, 결혼 제도와 결혼 후 거주 제도까지 일괄적으로 바꾸려 하였던 것이다. 그 결과 임병양란 이후 17세기 중반을 통과하면서 여성의 지위는 낮아지기 시작했다. 양변적兩邊的 혹은 공계적共系的 친족제親族制는 고려조까지는 확실하게, 그리고 임병양란 이전까지는 대체로 유지되었으니, 그것은 곧 여성과 여성 쪽 가계 역시 존중받는다는 것을 의미하였다. 하지만 17세기 중반 이후 단계적單系的 부계 친족제父系親族制가 본격적으로 자리를 잡았고, 결혼 후 주거 제도는 부처제부처제制에서 부처제夫處制로(곧 남성의 '처가살이'에서 여성의 '시집살이'로) 바뀌고, 상속 제도는 남녀 균등 상속제에서 장자 우대 불균등 상속제로 바뀌었다. 여성은 이질적이고 적대적인 남성의 공간 속에서 삶을 영위하며 재산까지 잃기 시작한 것이다. 아울러 이 시기부터 '시집' 속의 여성을 가부장적 도덕지침으로 훈육하기 위한 규훈閨訓 텍스트가 본격적으로 생산되기 시작했으니, 여성은 가부장제에 의해 일방적으로 의식화되기 시작했던 것이다.

이런 변화와 아울러 임병양란 이후 남편의 부재와 죽음, 혹은 그럴 가능성이 있는 위기 상황에서 열행烈行을 실천하는 경우가 폭발적으로 늘어나기 시작했다. 남성-사족이 바라던 '열녀'가 탄생한 것이다.[4]

17세기 중반 이후의 이와 같은 변화는 조선 초기부터 작동한 남성-사족의 가부장적, 남성 중심적 권력이 이제 여성에게 성공적으로 집행되기 시작했다는 것을 의미한다. 하지만 남성-사족의 권력 집행에 여성이 무반응적이거나 수동적이기만 했던 것은 결코 아니다. 여성에게는 매우 불쾌한 용어이겠지만, 조선 전기의 《실록》을 위시한 문헌에 등장하는 '한부狷婦' 혹은 '악녀'는 남성-사족의 가부장적 권력 집행에 저항하는 여성들이었다. 그 '사나운 행위'의 극단적인 형태는 살인이었다. 남성-사족은 여성의 성적 종속성을 윤리화하면서도 자신들의 경우에는 축첩 제도와 기녀 제도를 유지하는 한편 노비 제도를 이용해 성적 욕망의 실현 가능성을 열어놓았던 것인데, 이에 여성은 극단적인 경우 남편과 관계한 계집종을 살해하고 시신을 유기하는 등의 방식으로 대응했던 것이다.

이런 극단적인 경우는 임병양란 이전에 거의 사라진다. 가부장제가 본격적으로 작동하고부터는 살인과 같은 극단적인 방법을 구사하기 어려웠다. 하지만 여성의 저항이 완전히 사라진 것은 아니었다. 여성은 여전히 저항했고, 아울러 가부장제 속에서 소수자로서의 생존 전략을 찾을 수밖에 없었다. 이 책은 가부장제가 본격적으로 작동하는 그 순간 여성의 저항과 소수자로서의 생존 전략을 모색하는 사례를 찾아서 보고하고자 한다. 나는 이 책에서 유정기와 그의 아내 신태영의 이혼 사건을 다룰 것이다. 이 사례를 통해서 가부장제가 본격적으로 작동하는 그 순간에 사회적 약자인 여성이 어떻게 저항하고 생존 전략을 모색했는지 점검해보고자 한다.

1장

유정기와 신태영의 1차 이혼 소송

1704~1706

유정기란 인물

―――――

　유정기의 일생에 대한 충실한 기록은 남아 있지 않다. 그가 만약 고위 관리를 지냈다면《실록》을 위시한 여러 문헌에 기록이 남았을 것이고, 또 문집을 남겼다면 그것을 통해 그의 생애를 재구성할 수 있지만, 두 경우 모두 그와는 상관이 없다. 그는 오로지 아내 신태영과의 이혼으로만 알려져 있을 뿐이다. 유정기는 현종 14년(1673)에 식년 진사시 2등 21위로 합격한다.《사마방목司馬榜目》에 의하면, 그는 기계 유씨杞溪俞氏로서 1645년에 함양 군수를 지낸 유명익兪命益의 아들로 태어났다. 거주지는 이산尼山, 곧 지금의 충청남도 논산이었다. 충청도는 서울의 유력한 사족들이 거주하는 곳이었다. 충청도에 향제鄕第를, 서울에 경제京第를 두어 두 곳을 오가면서 벼슬을 하는 사족이 많았으므로 대개 충청도의 양반은 서울 양반과 동일하게 경화세족京華世族으로 쳤다.

　유정기의 일문―門, 곧 기계 유씨는 고려 때부터 대족大族으로 알려졌고, 조선 후기에 와서는 저명한 경화세족이었다. 특히 유정기의 고조 유대의兪大儀 이하가 번성하였으니, 병자호란 때 배청파排淸派로 유명했던 유황兪榥, 영조 때 영의정을 지냈던 유척기兪拓基, 연암 박지원의 가장 가까운 친구로서 우의정을 지냈던 유언호兪彦鎬, 박지원과 산문 창작론을 둘러싸고 각립했던 문장가 유한준兪漢雋,《서유견문》의 저자 유길준兪吉濬이 모두 유대의의 후손이다. 물론 그 외에도 이 가문은 벼슬이 끊이지 않았다. 그중에서도 유정기의 지위는 독특하였다. 유정기는 대의大儀-호증好曾-경橄-명익命益-정기正其로 이어지는 기계 유씨의 대종大宗이었다.

유정기의 일생을 정리한 유일한 자료가 남아 있는데, 그의 친구인 정호鄭澔(1648~1736)가 쓴 〈고판관유공묘지명故判官兪公墓誌銘〉이 그것이다. 정호는 숙종에서 영조 초기에 이르는 기간 동안 노론의 선봉으로 당쟁의 일선에 섰으며, 또 영의정까지 지낸 인물이다. 정호는 유정기와 불과 세 살 차이다. 이 글을 통해 유정기의 내력을 간단히 살펴보도록 하자. 이 글은 정호가 짓기는 하였지만, 기본적인 자료는 유정기의 전처의 남동생인 이지규李志逵가 제공한 것이다. 이지규는 유정기의 평일 사적을 정리해 〈연보〉라 이름을 붙이고, 정호에게 묘지墓誌를 지어달라고 요청했던 것이다.

〈고판관유공묘지명〉을 통해 유정기의 젊은 시절을 잠시 살펴보자. 그는 7~8세에 스승을 택해 공부를 시작하여 15세에 사서삼경을 두루 읽고 사마천司馬遷의 《사기》까지 공부한다.[1] 당시 양반가의 자제가 걷는 교육 과정과 다를 바 없다. 아마도 후처 신태영과의 이혼 사건만 없었더라면 양반 관료로서 전형적인 삶을 살았을 것이다.

유정기는 18세에 성주星州 이씨인 승지 이인李墰의 딸과 결혼한다. 이인은 인조 때 척화론자였던 이상급李尙伋의 4남이었다. 덧붙이자면 이상급의 처는 첨지중추부사를 지낸 서경빈徐景霦의 딸이고, 충숙공忠肅公 서성徐渻의 손녀였으니, 처가 쪽도 이래저래 명문가였던 것이다. 이인에게는 지술志述·지도志道·지규志逵 세 아들이 있었는데, 지술은 학행으로 예산 현감禮山縣監이 되었다. 딸 셋 중 막내딸은 유정기와 결혼했고, 장녀는 부정副正 이만성李晚成과, 차녀는 목사牧使 이창령李昌齡

과 결혼했다.[2] 이지규는 바로 유정기의 연보를 엮은 사람이다.

1670년(26세)에 유정기는 아버지 유명익의 임지인 함양咸陽으로 따라간다. 함양에서 유명익이 병을 앓아 석 달 동안 낫지 않자, 유정기는 지리산 천왕봉에서 정성을 다해 기도했고, 얼마 안 가 유명익의 병이 낫는다. 사람들은 유정기의 효성에 하늘이 감동했기 때문이라 하였다. 자식의 기도로 부모의 병이 나았다는 이야기는 조선 시대에 흔하디흔한 효행 설화일 뿐이니 달리 의미를 부여할 것은 없다. 이후 유정기의 인생은 순조로웠다. 1672년(28세)에 그는 별시別試와 감시監試에서 모두 1등으로 합격했고, 그 이듬해인 1673년 진사시에 합격하였다.

유정기와 이씨 사이에서는 유언명兪彦明(1666~1729)·유언성兪彦成·유언형兪彦亨 등 아들 셋이 태어났고, 뒷날 유언명은 신태영의 이혼 사건에 깊이 연루된다. 그런데 1676년에 유정기의 처 이씨가 사망했다. 2년 뒤인 1678년(34세) 유정기는 신석申錫의 딸과 재혼한다. 처상妻喪은 기년상朞年喪이므로 상기가 끝나기를 기다려 재혼했을 것이다. 새로 처가가 된 신석의 집안은 유정기의 가문에 어울리는 사회적 지위를 가진 사족이었을 것으로 여겨진다. 하지만 뒷날 신석의 딸, 곧 신태영 때문에 신씨 쪽은 전혀 기록이 남아 있지 않다.

재혼을 한 그해 여름, 유정기는 윤헌尹櫶 등 700여 명의 선비와 함께 송시열의 억울함을 하소연하는 상소문을 올렸다. 숙종 즉위년의 2차 예송(갑인예송)에서 패배한 송시열은 덕원으로 유배되었다가 장기·거제 등으로 이배되어 있었다. 남인南人들, 곧 경상도의 유생 이재헌李在憲 등 1000명은 상소를 올려 서인西人의 우두머리인 송시열이 예송에서 예를 잘못 적용한 것을 이제 바로잡을 수 있었다며, 그것을 종묘에 고

할 것을 요청하였다. 이것은 곧 송시열을 죽이자는 의미였다. 이에 서인이 반박하는 상소를 올린 것인데, 상소문에 함께한 유정기도 소수로 귀양을 갔고, 이후 여러 해 동안 과거를 치르지 않았다. 1680년 유정기는 모친상을 당했고, 1682년 복을 벗었다. 1683년 박태유朴泰維가 상소를 올려 송시열을 배척하자, 유정기는 당시 반임泮任으로 있으면서 여러 선비를 이끌고 상소를 올려 반박하였다. 송시열을 비호하는 강경한 젊은 서인 유정기는 사람들에게 깊은 인상을 심었을 것이다.

유정기는 1686년 11월 황감제黃柑製에서 삼하三下를 받아 생원 이무李懋, 유학 이기현李基顯과 함께 1분分을 받았다. 이때 수석을 차지한 사람은 민진원閔鎭遠으로 직부전시直赴殿試의 자격을, 지차 이관명李觀命·남세정南世貞은 직부회시의 자격을 얻었다.[3] 1687년 유정기는 영릉 참봉英陵參奉이 되었는데, 이듬해인 1688년에 스스로 갈아달라는 글을 올리고 그만둔다. 그해 8월 아버지 유명익이 사망했으니, 아마도 간병을 위해서였을 것이다. 유정기가 다시 벼슬을 하는 것은 1701년 1월 3일 의금부 도사都事로 발령이 나면서부터다. 그 중간의 12년 동안 그는 과거에 계속 응시했던 것으로 보인다. 하지만 계속 합격하지 못하자 1701년 과거를 포기하고 문음직門蔭職으로 나가려고 마음을 굳힌 것이 아닌가 한다.

그사이인 1690년 문제의 사건이 일어났다. 유정기가 후처인 신태영을 집에서 내쫓은 것이다. 유정기가 처음 신태영을 집에서 내쫓을 당시의 상황에 대해서는 〈고판관유공묘지명〉보다 풍부한 자료가 없다. 다만 유정기의 편에 서서 남긴 기록이기 때문에 신태영에게 불리하게 서술되어 있는 것은 당연하다. 해당 부분을 직접 인용한다.

(1) 경오년(1690) 8월 계실繼室 신씨를 내쫓았다.

(2) 신녀申女는 사납고 악하고 상도를 벗어나 부모를 섬김에 순종하지
    않았다. 하루는 공이 제사에 관계된 일로 나무라고 타이르자 신녀
    는 화를 내고 욕을 내뱉어, 위로 돌아가신 부모에까지 미쳤다.

(3) 급기야 여러 자매를 크게 모아 의논하여 내쫓고 관계를 끊기로 하
    였다. 여러 자매가 통곡하면서 돌아가신 어머니의 유서를 꺼내놓
    으며 말하기를, "이 사람은 평일 시부모를 대함이 부도하였다. 돌
    아가신 어머니께서는 여러 손자 손녀의 혼인이 아직 끝나지 않았
    기 때문에 참고 지내다가 죽음에 임하여 이 글을 써서 우리에게
    때가 되면 보여주라고 하셨다." 하였다. 공이 그 글을 보니, 곧 신
    녀의 이루 헤아릴 수 없는 불효한 일이었다. 깜짝 놀라 숨이 끊어
    진 지 한참 만에 다시 깨어났다.

(4) 마침내 글을 지어 궤연几筵과 가묘家廟에 고하고, 죄를 성토하여 신
    녀를 쫓았다. 10월에 부친상을 벗었다.[4]

집안 내부의 일이 소상히 기록되어 있는 것으로 보아 이 자료는 유
정기의 처남 이지규가 전한 〈연보〉를 옮긴 것으로 보인다. 이지규는
이 정보를 유정기에게서 얻었을 것이다. 결국 위의 정보는 유정기의
진술에 근거한 것이다. 또 정호가 그 진술을 온전히 믿고 있었다는 것
도 더 설명할 필요가 없을 것이다.

정호는 사건의 본질을 신태영의 성품에서 찾고 있다. 신태영은 원래
성품이 사납고 악하고 상도를 벗어난 행동을 하는 사람이었다. 그 성
품으로 인해 부모(곧 시부모)에게 순종하지 않았고, 남편의 나무라고 타

이르는 말에도 화를 내고 욕설을 했고, 그것이 시부모에게도 미쳤다. 유정기는 놀라서 자신의 여형제를 불러 의논한 결과, 신태영을 집에서 내쫓기로 결정했다. 여형제들은 신태영이 불효했다는 내용을 적어놓은 어머니의 유서를 꺼내어 유정기에게 보여주었고, 유정기는 그 유서를 보고 충격을 받아 기절했다가 깨어났다. 유정기는 마침내 신태영의 죄를 성토하는 글을 지어 궤연과 가묘에 고하고 신태영을 내쫓았다.

요약하자면 신태영은 시부모에 대한 불효로 내쫓긴 것이다. 핵심적인 불효의 증거는 첫째, 유정기에게 내뱉었던 화와 욕설이 시부모에게까지 미쳤다는 것, 둘째, 시어머니가 작성한 유서가 될 것이다. 전자는 유정기만 들었을 뿐이어서 증거력이 떨어지지만, 후자는 명백히 문서로 남은 것이니 중요한 증거가 될 것이었다. 만약 시부모에게 불효한 내용이 시부모의 자필 문서로 남았다면 십악대죄十惡大罪[5]에 해당하는 중죄로서 이혼 자체는 굳이 요구할 필요도 없이 즉시 처벌이 가능하였다. 하지만 뒷날 사건의 조사가 철저히 이루어졌을 때도 이 문서는 공개된 적이 없고, 신태영의 죄목에도 불효는 없었다. 정호는 유정기의 일방적인 말을 듣고 기록한 것일 터이다.

많은 것이 의문에 싸여 있지만, 유정기와 신태영이 어떤 일을 계기로 심하게 다툰 것만은 사실이다. 또 그 계기가 제사에 관한 일이었던 것은 뒷날의 기록을 보건대 확실한 것 같다. 그날 부부간의 언쟁에서 신태영이 유정기가 듣기 거북한 말을 쏟아냈다는 것, 또 그 말이 부모에 관련된 말로 해석될 수도 있었다는 것은 분명한 것 같다. 덧붙이자면, 신태영이란 여성은 유정기가 감당할 수 없는 인물이었다는 것도 분명한 것 같다.

유정기는 감당할 수 없는 아내를 내쫓기로 결심했다. 정처를 내쫓는 일은 워낙 큰 사건이기에 합당한 명분이 있어야 했지만, 유정기는 아마도 그 명분을 찾는 데 실패했을 것이다. 시부모에 대한 불효를 축출의 명분으로 삼은 것은, 그것이 가장 손쉽게 들 수 있는 명분이었기 때문이라고 생각된다. 유정기가 자신의 여자 형제들을 부른 것 역시 위력으로 신태영을 쫓아내기 위해서였을 것이다.

바로 이 점, 곧 아내를 집안에서 내쫓아야겠다는 생각을 했다는 것 자체가 매우 중요한 것이다.《소학》의 칠거지악七去之惡에 근거한, 아내를 집에서 내쫓는다는 말 자체는 익숙한 것이었지만, 실제 칠거지악을 이유로 출처出妻(혹은 출처黜妻)가 이루어지는 경우는 흔치 않았다. 있다 해도 매우 특수한 사례였을 뿐이다. 그런데 유정기는 '출처'를 결심했고, 그 배후에는 유교적 가부장제에 입각한 단계적 부계 친족제의 성립이라는 사회적 변화가 있었다. 유정기는 가부장제의 상징적 공간, 즉 궤연과 사당 등에서 자못 엄숙한 의례를 거행하면서 자신의 행동에 권위를 부여하고 신태영을 내쫓았던 것인데, 이것은 양변적 친족제가 이미 단계적 부계 친족제로 이행했고, 아울러 유교적 가부장제의 권위가 이미 확립되어 있다는 것을 의미한다. 축출 과정에 엄청난 소란이 있었을 것이지만, 신태영은 가부장제의 권위에 눌려 집을 나오고 말았다. 하지만 사건은 이것으로 마무리되지 않았고, 이후 한동안 조정과 사대부 사회를 뒤집어놓았다.

신태영을 내쫓고 두 달 뒤 유정기는 아버지 유명익의 상복을 벗었다. 이후 10년 동안 그의 집안에 어떤 변화가 있었다는 기록은 전혀 남아 있지 않다. 신태영이 쫓겨난 지 햇수로 10년 뒤인 1699년 전처의 아들 유언명이 문과에 합격하였다. 정시庭試 을과 1위였다. 정호에 의하면 유정기는 한편 기뻐하면서도 한편 슬퍼했다고 한다. 아들의 합격은 기뻤지만 과거에 합격하지 못한 아버지가 떠올랐기 때문이다. 유정기는 이렇게 말했다.

> 선군자先君子의 문한文翰으로도 끝내 대과에 합격하지 못한 것이 나의 지극한 한이었는데, 이제 다행히도 과명科名을 얻었으니, 선군자의 영혼을 위로할 수 있게 되었구나.[6]

이후 유언명은 순조롭게 출세의 길을 달렸다. 그는 당시 명재상으로 이름을 날리던 윤지완尹趾完(1635~1718)으로부터 '참 인재'라는 평가를 들을 정도로 유능한 사람이었고,[7] 많은 사람의 기대대로 유정기가 이혼 문제를 제기하기 전까지 승정원과 사간원, 사헌부의 벼슬을 차례로 거치며 출셋길을 달리고 있었던 것이다.

유정기는 아들이 문과에 합격한 것을 계기로 과거 공부를 확실하게 그만두었다. 물론 그렇다고 해서 벼슬길이 닫힌 것은 아니었다. 1701년 1월 그는 의금부의 종5품인 금부도사에 임명되었지만[8] 출사는 하지 않았다. 그해 8월 14일 인현왕후 민씨가 사망하여 국상이 나자 유정기는 산릉도감山陵都監의 감조관監造官이 된다. 다만 벼슬이 없다 하여 군직軍職으로 부사용副司勇에 임명되었다.[9] 비록 과거에 합격하지 못했고, 또 별다른 관력도 없지만, 국장도감에 감조관이 되었다는 것은 그의 집안이 녹록찮다는 것을 의미한다. 그해 12월 23일 산릉도감에서 일을 맡았던 사람들에게 시상이 있었다. 보토소補土所의 일을 맡았던 유정기

등에게 모두 6품으로 벼슬을 올리거나 이미 6품으로 올린 사람은 벼슬을 더 올리라는 명이 떨어졌다.[10] 부사용은 종9품이지만 유정기는 이미 종5품인 의금부 도사에 임명된 적이 있었다. 시상의 결과가 그에게 구체적으로 어떻게 나타났는지는 알 길이 없다. 정호는 이해에 유정기가 역役을 마치고 복명復命하여 강우江寓로 돌아왔다고 하는데,[11] 무엇을 의미하는지 알 수가 없다.

유정기는 1702년 2월 19일 종부시宗簿寺 주부에 임명되었고,[12] 1704년 9월 4일에는 사어司禦가 되었다.[13] 같은 해 9월 16일에는 겸좌수운판관兼左水運判官이 된다.[14] 같은 날 관직에 임명된 사람 중에 임방任埅(1640~1724)이 있는데, 임방은 뒷날 유정기의 이혼 문제를 처음으로 공식화한 사람이다.

보다시피 유정기는 관력이 화려한 편이 아니다. 그 자신이 과거를 통해 출세한 사람도 아니었을 뿐만 아니라, 정호에 의하면 신태영을 부모가 살아 있을 때 처리하지 못한 것을 크게 통탄할 일로 여겨 늘 죄인으로 자처했고, 그래서 벼슬살이에 뜻이 없어 벼슬 제수가 있으면 즉각 사직했다고 한다.[15] 아마 이 말은 유정기를 미화하기 위해 한 말일 것이다.

유정기의 이혼 신청과 논란

―――

문제의 1704년이 되었다. 유정기는 신태영의 죄상을 정리한 문서를 예조에 올리고 이혼을 허락해줄 것을 요청하였다. 1690년 신태영을 내쫓고 14년이 지난 뒤 예조에 법적인 이혼을 요구했던 것이다. 이 점이 너무나도 이상하고, 뒷날 두고두고 문제가 되었다. 예조에서는 요청을 각하했다. 이혼을 허락할 수 없다는 것이었다. 예조의 각하를 보고 유정기가 뜻을 굽혔더라면 그저 작은 사건으로 끝났을 것이다. 하지만 여기에 유정기의 친구 임방이 끼어들었다. 노론으로서 유정기와 당색黨色이 같았던 임방은 뒷날 벼슬이 공조 판서·우참찬까지 올랐던 인물이다. 대단한 출세를 했던 것이다.

사헌부 장령 임방은 9월 24일 유정기를 신태영과 이혼시킬 것을 요청하는 계사啓辭를 숙종에게 올린다.[16] 임방은 불과 8일 전인 9월 16일 유정기가 좌수운판관으로 임명되었을 때 사헌부 장령에 임명된 사람으로, 유정기와는 친구였다. 임방은 1702년 영광 군수靈光郡守가 되었는데, 그가 영광으로 떠날 때 이성로李聖老와 유정기가 술 한 병을 차고 나와 길가에서 전별해준 적이 있었으니[17] 아마도 어지간히 죽이 맞는 친구였던 모양이다. 임방은 그 이듬해인 1703년 영광 군수에서 파직되어 서울로 돌아왔고, 또 그 이듬해인 이때 사헌부 장령으로 발령이 난 것이다.

임방의 계사는 먼저 국법에 이혼에 관련된 법이 없음을 지적하는 것으로 시작된다. "우리나라는 처妻를 내쫓는 법이 없기 때문에 사나운 처와 악독한 처가 있다 할지라도 감히 서로 관계를 끊을 수가 없어 마침내는 집안을 망치고 인륜을 멸하는 경우가 많이 있으니, 이보다 통탄스러운 것이 없다."[18]는 것이다. 과연 임방의 말처럼 이혼에 관한 법이 없었던 것인가? 국법이라면 곧 《경국대전》을 뜻하는 바, 《경국대전》에 이혼에 관한 조항이 없는 것은 아니다. 《경국대전》 형전 금제禁制에 "이미 혼서婚書를 받고서 다시 다른 사람에게 성혼成婚을 허락하는 자는 그 주혼자主婚者를 논죄하고 파기한다[離異]."[19]는 조항이 있다. 여기 등장하는 '이이離異'가 곧 이혼이지만, 그것은 단 하나의 경우만 상정하고 있다. 즉 이미 혼서를 받았다는 것은 결혼이 성립했다는 것으로 보기 때문에, 이후 다른 사람에게 결혼을 허락하는 경우에는 혼인을 주관한 사람을 처벌하고 이혼시킨다는 것이다. 이 조항에 대해 《경국대전주해經國大典註解》는 이렇게 해설하고 있다.

> 이離는 가르는 것[別], 이異는 나눈다[分]는 뜻으로, 부녀가 제 집으로 돌아가는 것[歸宗]을 의미한다. 여자가 전남편에게 돌아가는 것은 아녀자의 도리에 어긋나므로, 단지 두 번째로 성혼成婚한 남편과는 헤어지고 전남편에게는 못 돌아가게 하는 것이다.[20]

곧 여성이 이혼하는 경우, 뒤의 남편과는 당연히 헤어지지만, 그렇다고 해서 앞의 남편과의 혼인이 성립하는 것도 아니다. 오직 친정으로 돌아가야 할 뿐이다. 그런데 이 조항이 여성을 대상으로 작성된 것이라는 점에 주목해야 한다. 즉 이이는 여성을 이혼시키는 것이라는 점에서 일단 여성에게 불리한 것이다. 이 경우를 두고 볼 때《경국대전》의 이혼이라 함은 중혼重婚에 관한 처벌이며, 또 여성에게만 국한되는 경우라 할 수 있는 것이다.

조선 건국 이후 임진왜란 전까지, 즉 조선 전기에는 이혼 사례가《실록》에서 광범하게 발견된다. 하지만 그 사례들은 거의 모두가 중혼의 경우였던 것이니, 유정기의 예처럼 배우자의 한쪽이 정식으로 예조에 이혼을 요청해서 결혼 생활이 더는 가능하지 않음을 국가가 공인하는 형태로서의 법적 이혼은 없었던 것이다. 뒤에 언급하겠지만, 병자호란 이후 청나라 군대에 잡혀갔던 여성들, 이른바 피로여성被虜女性들이 되돌아오자 논란 끝에 효종 때 이혼을 허락한 적이 있었다. 이것은 전쟁과 피랍이라는 특수한 상황이 전제된 것으로, 부부의 불화로 이혼을 허락한 사례로 원용하기 어려운 것이었다.

《경국대전》에 부부의 불화로 인한 이혼에 관한 법 조항이 없고, 또 이후의《수교집록》이나《후속록》등《경국대전》을 보완하는 법령집에도 이혼에 관한 조항이 없다는 것은 사실상 이혼이 거의 불가능했음과 그런 사례가 아주 드물었다는 것을 의미한다.[21] 임방은 이 사실을 잘 알고 있었다. 이혼을 요구하는 유정기의 청원서가 국법에 해당 조항이 없다는 이유로 예조에서 각하되었기 때문이다. 그렇다면 유정기는 왜 아내 신태영을 내쫓고 10년을 훌쩍 넘긴 뒤에 이혼을 신청했던 것인가. 임방의 말을 들어보자.

유정기가 예법에 의거해서 죄를 성토하여 사당에 고하고 내쫓았습니다. 그 후 그 전처의 아들 집에 와서 의탁하였는데, 유정기가 아들의 병을 치료하는 일로 인하여 아들의 집에 머물게 되니, 신녀申女는 서로 용납하지 못할 것을 알고는 또 성을 내어 한밤중에 홀로 걸어서 달아나버렸으니, 여자의 실신失身이 이보다 큰 것은 없습니다.

유정기가 비록 이미 사당에 고하고 내보냈다고 하나, 관부에 소장을 제출하여 명확하게 내쫓고 윤상倫常을 바로잡지 않을 수 없기 때문에 전후의 죄상을 낱낱이 들어서 예조에 바쳐 그 이이離異를 청하였으나, 예조에서 국전國典에 없는 것으로 제사題辭에 논하여 허락하지 않았습니다.[22]

유정기가 예법에 의해 신태영을 내쫓은 것은 1690년이다. 그런데 그 뒤 신태영은 다른 곳이 아니라 전처의 아들, 곧 유언명의 집으로 가서 살았던 것이다. 1690년부터 이혼이 조정에서 문제가 되는 1704년까지 14년 동안 신태영의 상황은 알려져 있지 않지만, 《승정원일기》의 자료를 통해 이혼 신청 직전의 상황은 약간 짐작할 수 있다.

유정기는 앞서 언급한 바와 같이 1702년 2월 19일 종부시 주부에 임명되었는데, 같은 해 1월 25일 아들 유언명은 사헌부 지평에 임명되었다. 유언명은 당시 경기도 금천衿川에 있었으므로 사헌부에서는 역말을 타고 속히 올라오게 할 것은 청하여 숙종의 허락을 얻었다.[23] 그런데 2월 2일 유언명은 사직을 원하는 상소를 올리고 있다.[24] 왜 사직 상소를 올렸는가는 분명하지 않지만, 겸양의 뜻으로 올린 것은 아닌 것으로 보인다. 왜냐하면 사간원 정원으로 있던 그가 사헌부 지평으로 옮겨간다는 것은 너무나도 관례적인 일이고, 또 당시 그가 벼슬을 사양할 만한 특별한 일이 없었기 때문이다. 이후에도 유언명은 사은하고 벼슬에 나아갔다가 병을 핑계 대었고, 사간원 정원으로 다시 임명[25]된 뒤에도 계속해서 금천에 머무르고 있어 사간원에서는 다시 역말을 타고 올라오게 할 것을 요청하여 숙종의 허락을 받았다. 이런 일이 계속 반복되다가 4월 28일 유언명은 드디어 상소를 올려 자신이 출사出仕할 수 없는 이유를 밝혔다.

> 신의 정세는 결단코 억지로 벼슬길에 나가기 어려우나 감히 내쳐 엎드려 있을 수가 없어 어제저녁 도성에 들어갔습니다. 그런데 신의 어미의 풍화병風化病이 지난밤 극심해져서 걱정으로 마음이 타들어가니 결코 출사하기 어려운 형편입니다. 그런데 이런 상황에 패초牌招의 명이 내리는지라 잠시 궐 밖으로 나아가 소를 올리고 곧장 돌아가려 합니다. 엎드려 바라옵건대 성상께서는 신의 직명職名을 깎아버려 신으로 하여금 어머니의 병을 간호하게 해주시옵소서.[26]

요컨대 계속 출사하라는 명에 하는 수 없이 서울로 들어갔지만, 신태영의 풍화병이 도져서 도저히 출사하기 어렵다는 것이다. 이로써 유언명이 1월부터 계속해서 신태영의 풍화병으로 인해 집을 떠나지 못하고 있었음을 짐작할 수 있다. 숙종이 사직하지 말고 병을 간호하라고 답하자, 유언명은 그날 다시 상소를 올렸다. 내용은 대동소이하지만 풍화병의 증세를 더욱 자세히 밝히고 있어 도움이 된다. 곧 풍화증이 갑자기 발작할 때면 온몸이 불덩이처럼 열이 오르고 두통과 어지럼에 더하여 사지가 쑤시고 정신이 혼미하며 기력이 쇠약해진다는 것이다.[27] 숙종의 답은 앞의 상소와 같았다.

유언명의 집은 지금의 서울시 금천구에 있었고, 신태영은 그곳에서 계속 머물렀던 것 같다. 신태영의 병은 심각했던 것 같은데, 아마도 심한 스트레스로 인해 생긴 화병일 것이다. 갑자기 발작한다고 했으니, 어떤 계기가 있으면 고열과 두통, 어지러움, 무력감 등이 복합적으로 나타났던 것이다. 신태영은 남편에게 버림받아 쫓겨난 뒤 정신적, 신체적으로 심한 고통을 겪었던 것이 분명하다.

임방에 의하면, 신태영이 유언명의 집에 머무르고 있는 것을 알면서도 유정기가 그 집으로 간 것은 유언명의 병 때문이라고 한다. 즉 유언명이 병에 걸리자 유정기가 아들의 병을 치료하기 위해 찾아갔던 것이다. 유언명의 집에서 유정기와 신태영은 심한 언쟁을 했던 것이 틀림없다. 임방의 말에 의하면, 신태영이 '에노恚怒를 발했다[又發恚怒]'고 한다. '恚'는 화 혹은 성을 내는 것이고, '怒'는 노여움이다. 곧 신태영은 분노를 폭발시켰던 것이니 당연히 거친 언사가 뒤따랐을 것이고, 임방은 감추고 있지만 유정기 역시 같은 언사로 대응했을 것이다. 언쟁의 결과 신태영은 집을 뛰쳐나갔다. 이것이 또 씨앗이 되었다. 임방은 바로 그 점, 즉 신태영이 밤에 집을 떠났다는 것을 죄목으로 삼았으니, 여성이 홀로 밤길을 간 것은 다른 남성에 의해 성적으로 오염되었을 가능성이 있다는 것이다. 후술하겠지만, 여성이 밤길을 가지 못한다는 것은 여성의 활동 공간을 집 안으로 제한하려는 유가의 여성관에서 나온 것이다. 어쨌든 그날의 언쟁으로 유정기는 심한 모욕감을 느꼈을 것이고, 이혼을 통해 신태영을 법적으로도 완전히 가문에서 내쫓고자 했던 것이다.

흥미로운 것은, 신태영의 경우에서 보듯 여성이 남편의 집에서 쫓겨났다고 해도 정처正妻의 지위를 잃는 것은 아니었다는 것이다. 그렇기에 신태영은 여전히 '아들' 유언명의 집에 머무를 수 있었던 것이다. 그런데 법적인 이혼이 이루어진다면 신태영은 유언명의 집에 머무를 수 없고, 다시 쫓겨나야 한다는 것을 의미한다. 곧 유정기는 신태영이 정처로서 행사할 수 있는 권한을 완전히 빼앗고자 이혼을 신청했던 것이다. 모욕감 외에도 다른 이유가 있을 터이지만, 일단 여기서는 보류해두자.

유정기가 예조에 올린, 이혼을 요청하는 서류를 지금은 볼 수 없지만, 거기에 이혼의 불가피성을 밝힌 부분이 있었던 것은 틀림없다. 그리고 그것은 임방의 말처럼 유정기가 낱낱이 밝힌 '전후의 죄상'이었을 것이다. 그 죄상의 큰 줄기는 임방의 계사에 지적된 바와 같이 신태영 개인의 성품에서 비롯된 것이었다. 임방은 신태영의 성품을 이렇게 지적한다. "성정이 비뚤어지고 언행이 패악悖惡하다." 그래서 "괴이하고도 놀라운 거동이 한 가지가 아니다."[28] 다른 조건은 모두 배제되고, 신태영의 죄악은 오직 그의 개인적인 성품에 근거한 것이었다.

유가적 가부장제는 여성을 남성에게 복종하는, 주체 없는 존재로 규정하였다.[29] 여성의 사리에 어긋나고 패악한 성정은 곧 불복종을 의미하는 바, 남성들에게는 참을 수 없는 부도덕이었다. 임방이 전하는 신태영의 행위를 보자.

(1) 처음에는 그 남편에게 욕을 하는 것을 능사로 삼다가, (2) 이어 다시 위로 시부모에게 미쳐 종일 입으로 떠드는 것이 욕설이 아닌 것이 없습니다. 그가 말하는 것은 참혹하여 차마 들을 수가 없을 지경입니다. 이 죄만 따져도 이미 용서받기 어려운데, (3) 심지어는 오물을 제주祭酒에 섞

기도 하고, 사당에서 난리를 치기도 하여 제석祭席 등의 물건을 깡그리 찢고 부수는 지경에 이르렀습니다.[30]

가부장제의 권력 중심인 남편과 시부모를 의도적으로 무시하는 것은 물론, 제사를 망치고 사당을 파손한다. 여기서 각별히 중요한 것은 (3)이다. 제주·사당·제석 등을 훼손했다는 것은 가부장제의 의례가 집행되는 상징적 공간을 무시하고 파괴한 것이다. 유정기가 가부장적 권력으로 신태영을 통제하고 억압하려 하자 신태영이 가부장제에 정면으로 반발했다는 것이다.

신태영이 가부장제의 권력적 중심과 의례적 중심 장치를 무시하고 파괴했다는 것은 가부장제에 대한 중대한 도전으로 받아들여질 사항이었다. 또 단계적 부계 친족제에서 유정기는 개인이 아니라 가문의 일원으로 파악된다. 더욱이 유정기는 '유가兪家의 대종大宗'이었다.[31] 가부장적 권위와 가부장제의 의례적 장치를 무시당한 유정기로서는 신태영을 처벌하지 않을 수 없다. 따라서 유정기는 예법에 의거하여 죄를 성토해 사당에 고하고 신태영을 내쫓는다. 가부장제의 의례적 장치를 동원해서 신태영을 처벌, 곧 내쫓았던 것이다.

이 이후가 문제였다. 전술한 바와 같이 쫓겨난 신태영이 택할 수 있는 가장 유력한 방법은 친정으로 돌아가는 것이었지만, 단계적 부계 친족제가 성립한 이상 결혼한 여성은 출가외인으로 남성의 가문 소속이기 때문에 쫓겨난 여성을 다시 받아들이는 것은 여성의 가문으로서도 수치가 될 수 있었다. 그녀가 처음에 오빠의 집으로 갔지만, 그곳에 머무를 수 없었던 것은 이 때문일 것이다(신태영의 경우 어머니만 생존해 있었다고 한다). 결국 그녀는 전처의 아들인 유언명의 집으로 갔다. 이 시기 여성이 남성의 집에서 쫓겨날 경우, 근원적으로 '거주할 적절한 공간'이 없었을 것이다. 곧 17세기 후반 조선의 사회적 관계란 거의 남성 위주로 구성되어 있었고, 일부 관료 조직과 서원이나 향교를 중심으로 하는 사회관계를 제외하면 거의 모든 관계는 친족관계였다. 여성을 용납할 사회적 관계란 거의 존재하지 않았던 것이다. 그뿐만 아니라 임병양란 이후 17세기 중반부터 장자 우대 상속제가 본격적으로 정착하면서 여성은 유산을 분배받을 수 없었다. 즉 여성으로부터 경제권을 박탈한 것이다. 경제권을 잃은 여성이 남성의 가문에서 쫓겨날 경우 갈 곳이 없었다. 신태영은 이런 이유로 유언명의 집으로 가게 된다.

또 다른 이유도 있었다. 가부장제는 공간적 차원에서 신태영을 내쫓은 것일 뿐이고, 가문에서 완전히 배제한 것은 아니었다. 완전한 배제가 가능하려면 이혼을 해야만 하고, 또 그 때문에 유정기가 이혼을 요청한 것이지만, 이혼이 성립하기 전에는 여전히 신태영은 유정기의 법적 정처였다. 이런 이유로 신태영은 쫓겨난 아내이지만, 유정기의 장자에게는 여전히 '어머니'(물론 계모이기는 하지만)였다. 신태영과 유언명은 비록 피를 나눈 모자지간은 아니지만, 유가의 절대적 윤리인 '효'로 엮인 관계라는 사실은 변함이 없었던 것이다. 이것은 신태영이 집안에서 권력을 행사할 유리한 도구를 갖고 있다는 것을 의미하였다. 유정기가 죽으면 신태영은 여전히 어머니로서 집안으로 다시 돌아갈 가능성도 있었다. 실제로 그런 사례가 적지 않았으니, 남편이 비첩婢妾을 사랑하여 정처를 쫓아냈지만, 남편이 죽은 이후 정처가 다시 집으로 돌아가 비첩을 내쫓은 경우가 《실록》에 보이는 것이다.

이런 이유로 인해 신태영과 여전히 혼인 관계에 있던 유정기는 법적으로 완전히 남이 될 것을 바라게 되었다. 그것이 그가 신태영을 집에서 쫓아내고 10년을 훌쩍 넘어 예조에 이혼을 요구하는 문서를 올리게 된 이유다. 하지만 예조에서는 법전에 이혼의 조항이 없다는 이유로 허락하지 않는다.[32] 유정기는 멈추지 않았다. 그는 앞서 말한 바와 같이 '유가의 대종'이었기에 일문 친족을 동원할 수 있었다. 유정기 일문의 50여 명은 연명하여 '실신하고 패란悖亂한 여성이 종가의 제사를 맡게 할 수 없다'는 이유로 정단呈單(관아에 서류를 제출함)한다. 여기서 17세기 후반 단계적 부계 친족제가 완벽하게 권력으로 작동하고 있음을 거듭 확인할 수 있다. 하지만 예조는 역시 이혼에 관한 법률이 없다는 이유로 거부했다.[33] 이것이 임방이 장령이 되어 왕에게 직언할 수 있는 기회와 권리를 갖게 되자 친구 유정기를 대신해서 계사를 올리게 된 계기였다.

  임방은 유정기로부터 신태영을 법적으로 완벽하게 제거하기 위해 친구를 대신하여 이혼을 신청한다. 이혼을 시켜야 하는 이유는 앞에서 이미 말한 바 있다. 성정의 패악스러움, 남편과 시부모에 대한 욕설, 제주에 오물을 섞고 사당에서 난리를 치며 제석의 물건을 파손한 것 등이다. 하지만 이보다 더 결정적인 사유가 있었다. 임방은 유정기가 아들 유언명의 병을 치료하려고 방문하여 신태영과 언쟁을 벌인 뒤 신태영이 '성을 내어 한밤중에 홀로 걸어서 달아나버렸음'을 지적하고 '여자의 실신이 이보다 큰 것은 없다'고 지적했다. 실신은 곧 남편이 아닌 남성과의 성적 관계를 의미한다. 조선의 유교적 가부장제는 여성이 오직 사회적으로 공인된 한 남성에게 성적으로 종속될 것을 요구했던 바, 그 외의 남성과의 신체적 접촉은 모두 실신, 곧 성적인 접촉의 의미를 갖는 것으로 고의적으로 '오해'하였다. 여성의 성적 오염에 대해 다루고 있는《삼강행실도》〈열녀편〉에 의하면, 가볍게 손목을 잡히는 것도 성적 오염으로 간주되었고, 여성은 그 오염의 수치에서 벗어나기 위해 접촉된 부분을 잘라내어야만 하였다. 이처럼 실신의 의미가 매우 광범하였기 때문에 신태영이 홀로 밤길을 간 것은 다른 남성과의 성적 접촉을 의도해서가 아니었는데도, 또 사실 그런 접촉의 유무와 상관없이, '어두운 밤의 길거리'라는 시공간이 암시하는 모종의 가능성만으로 임방은 신태영의 실신을 주장했던 것이다.

임방은 신태영의 실신이 이론의 여지가 없는 사실임을 입증하기 위해 신태영의 패악을 강조한다. 신태영의 패악은 '가까운 이웃과 마을 사람'이 환히 아는 바로서, 직접 보고 듣고 전한 사람들이 있어 온 나라가 떠들썩했던 것을 가릴 수가 없다는 것이다.

이혼에 관한 법률의 유무에 대해서도 임방은 돌파할 논리를 찾았다. 즉 이혼의 법이 비록 법전에는 없으나, 남편의 가문에서 관청에 소장을 제출하여 이혼을 허락받은 경우도 많다는 이유로 유정기의 이혼을 허락해줄 것을 요구했던 것이다.[34] 다만 임방은 실제 이혼 사례를 든 적은 없었다. 나아가 임방은 이혼이 예법에 있어 당연한 것인데도 예조가 법조문이 없다는 데 집착하여 일 처리의 타당성을 잃었다고 비판했다. 최종적으로 임방은 예조에서 유정기와 신태영을 이혼시키도록 하고, 법을 조사해 신태영을 처벌할 것을 요청하였다. 숙종은 임방의 건의를 수용했다.[35]

이혼 불가의 논리, 예조 판서 민진후

———

유교적 가부장제의 윤리에 의하면, 신태영의 행위는 용납될 수 없는 것으로 보인다. 즉 법률의 존재 여부와 상관없이 이혼은 당연한 것으로 보인다. 그것이 숙종이 앞서 임방의 말을 듣고 아뢴 대로 하라고 한 이유, 곧 이혼을 허락한 이유였다. 하지만 문제는 간단하지 않았다. 임방이 계사를 올린 그다음 날인 9월 25일, 예조 판서 민진후閔鎭厚가 입시하여 임방의 계사를 반박했다. 임방이 이혼을 허락하지 않은 예조를 비판했기 때문이다. 민진후는 자신이 예조 판서가 되기 전에 유정기가 이혼을 청하는 서류를 예조에 제출했지만, 예조에서 법전에 없는 사안이라 하여 각하했고, 또 자신이 예조 판서가 된 뒤 유정기의 친족이 이혼의 허락을 요청하는 문서를 올렸으나 다시 각하했다고 한다. 민진후가 예조 판서가 된 것은 숙종 30년(1704) 2월 8일이다.[36] 따라서 유정기가 예조에 이혼을 신청하는 서류를 올린 것은 1704년 2월 8일 이전이다. 다만 그 정확한 시점은 알 수 없다. 그것은 1704년 이후의 일일 가능성이 높지만, 1703년의 것일 수도 있다. 1690년으로부터 13년 혹은 14년이 지나서 정식으로 이혼을 신청했던 것이다.

민진후가 유정기 친족의 서류를 각하했지만, 유정기는 포기하지 않았다. 1704년 8월 19일 능행陵幸 때 유정기가 같은 문제를 왕에게 상언하자, 숙종은 그 문제를 예조에 회부하였다. 임방이 계사를 올린 9월 24일 예조에서는 아마도 유정기의 이혼 문제를 다시 검토하고 있었을 것이다. 숙종의 명과 임방의 계사로 인해 신태영-유정기의 이혼은 이제 한 개인, 한 가문의 일이 아닌 조정의 중대한 일로 부상했다. 이제 그 문제의 한 축이 된 예조가 발언하지 않을 수 없었다.

민진후는 이혼에 대한 신중론을 펴면서 사실상 이혼이 불가함을 주장했다. 민진후의 논리는 이렇다. 그는 신태영의 '패악한 행실'은 조정의 고급 관료들 중에도 말하는 사람이 많다고 들었던 것 같다고 말한다. 표현이 매우 모호한데, 그것은 민진후가 '신태영의 잘못'을 기정사실화하고 싶지 않았기 때문이다. 사실 민진후의 말은 경청할 만한 가치가 있다. 이제까지 신태영의 성격과 행위에 대해서는 유정기와 임방의 말만 일방적으로 들어왔기 때문이다. 이런 이유로 민진후는 이혼 여부를 결정하기에 앞서 사건을 신중하게 다룰 필요가 있다고 주장한다. 그가 드는 가장 큰 이유는 다음과 같다.

반목하는 자가 근거 없는 말을 얽어 소장을 올려 이이離異한다면 또한 윤리 강상의 변고가 되지 않겠습니까? 이이라는 한 조항은 시행하지 않아야 마땅합니다.[37]

'반목하는 자'는 곧 아내와 반목하는 사람을 의미한다. 즉 아내와의 관계가 불화한 남성이 허사虛辭, 곧 근거 없는 말을 얽어 관청에 소장을 내고 이혼한다면, 부부의 관계를 해체하는 윤리 강상의 변고가 된다는 말이다. 부부 관계의 특수성, 즉 '성性'을 매개로 하여 맺어지는 관계의 특수한 성격상 불화의 원인을 밝히는 것이 대단히 어려운 데다가, 가부장제는 남성 우위를 전제하고 있기 때문에 남성이 관청에 올리는 문서에 입각해서 이혼을 판단할 경우 이혼의 남발로 이어질 수 있다. 이혼의 남발은 장기적이고 거시적 차원에서 가부장제의 존속에 결코 유리한 일이 아니다.

이런 관점에서 민진후는 신태영의 비난받아야 마땅한 행위 역시 즉각 수용하기 어렵다고 주장한다. 임방이 제시한 신태영의 행위, 즉 제주祭酒에 오물을 섞고, 시부모에게 욕설을 한 행위는 '십악대죄'에 해당하는 것으로 형조에서 엄밀하게 조사해 정죄해야 할 것이다. 하지만 민진후는 그것이 15~16년 전의 일이라 다시 조사하여 밝히기 어렵고, 또 집안 내부의 일이라 객관적으로 증명할 길이 없다고 주장한다. 집안의 종들과 자식들에게 물을 수 있지만, 주인 혹은 부모의 비윤리적 행위를 증언하게 하는 것 자체가 이미 비윤리성을 띠고 있었다. 이런 이유로 그는 대신들과 상의하여 숙종에게 연석筵席에서 보고하여 의견을 기다리려 했지만, 시간적인 여유가 없어서 적당한 기회를 보고 있었다고 한다. 이렇게 시간을 끌던 중 임방의 계사가 나왔던 것이다.

대간이 문제를 조정에서 제기했으니, 유정기와 신태영 양쪽 중 어느 한쪽이 정소呈訴한 것과는 이미 차원이 달라진 것이고,[38] 따라서 형조에서 율문을 자세히 살펴 처결하는 일이 있어야만 하였다.[39] 오랜 뒤에 조사하는 것은 효과를 기대하기 어렵지만, 그래도 일단 형조의 조사가 이루어져야 한다는 것이었다. 민진후는 그렇다고 해서 먼저 이혼을 시키고 조사하는 것은 차례가 뒤바뀌는 것이라 주장한다. 그는 예조 판서로서 앞서 이혼 요청을 각하시켰던 논리를 반복한다. 곧 국법에 원래 이혼에 관련되는 법이 없다는 것이다. 그리고 이혼의 사례가 있기는 하지만, 특수한 사례에 국한되는 것이라고 지적했다. 민진후는 병자호란 때 청나라에 잡혀갔던 부녀자 역시 처음에는 이혼을 허락하지 않았고, 다만 효종 초에 송준길이 대관臺官으로 발계發啓하여 비로소 이혼을 허락한 적은 있었으며, 이외에 악행惡行으로 이혼한 경우가 있기는 하지만, 대신에게 수의收議하여 허락했을 뿐이라는 것이다.[40] 송준길이 대관으로 발계한 경우란, 효종 즉위년(1649) 11월 21일 사헌부에서 병자호란 때 포로로 잡혀갔던 여성과의 이혼을 불허한 인조대의 결정을 번복하여 이혼을 허락할 것을 요청한 일을 말한다.

민진후는 임방이 이혼의 중대한 사유로 제기한, 신태영이 밤에 홀로 길을 간 것의 의미도 축소했다. 그 일을 실신이라고 단정할 수 없고, 청나라에 포로로 잡혀갔던 여성과는 차이가 있다는 것이다. 물론 그렇다고 해서 민진후가 '실신' 자체를 이혼의 사유가 되지 않는다고 하는 것은 아니다. 다만 밤에 홀로 길을 간 것을 실행失行이라고 판단한 것이 지나친 추측이라는 것이다. 요컨대 민진후는 철저한 조사가 선행되어야 하며, 성급하게 단정할 수 없다고 주장한다. 도리어 민진후는 제주를 오염시킨 것, 시부모에게 욕설을 한 것 등이 가장 무거운 죄이므로, 형조에서 유정기 집안에서 전후에 올린 소장과 능행 때의 상언을 모두 가져다가 임방이 올린 계사를 참고해 그 사실 여부를 엄밀하게 조사하자고 제안했다. 이혼 여부는 그 조사가 끝난 뒤에 결정하는 것이 옳다는 것이다. 숙종은 형조의 조사가 결말이 나기를 기다려 처리하자고 답했다.

민진후의 주장은 신태영을 즉시 이혼시키자는 임방의 견해를 정면에서 반박한 것이었다. 이것은 뒷날 이혼 불가를 주장하는 견해의 기원을 이룬다. 민진후의 견해는 외견상 온건해 보이지만, 깊은 고민의

산물이었다. 민진후가 주장한 바의 핵심은 "반목하는 자가 근거 없는 말을 얽어 소장을 올려 이이한다면 또한 윤리 강상의 변고가 되지 않겠습니까?"라는 한 문장에 있었다. 곧 남편의 말만 듣고 이혼 요청을 들어준다면, 이혼이 빈발하는 결과를 가져올 것이다. 민진후 논리의 끝에는 남성 중심적 도덕으로 이혼을 허락한다면, 결과적으로는 가부장제의 위기를 초래할 것이라는 판단이 있다. 그것은 가부장제의 깊은 고민이기도 하였다.

이혼은 가능하다, 임방의 반박

———

 숙종의 지시가 있었는데도 예조 판서 민진후가 입시해 이혼에 대한 신중론을 펴면서 사실상 이혼에 반대하고 조사가 선행되어야 한다는 견해를 밝힌 그다음 날, 곧 9월 26일 임방은 민진후와 자신의 견해가 다르다면서 사직을 청한다. 임방의 계사는 같은 날의《숙종실록》과《승정원일기》, 그리고 임방의 문집인《수촌집水村集》에 실려 있는데, 대동소이하지만《승정원일기》쪽이 빠진 구절이 가장 적다. 따라서 이하《승정원일기》를 자료로 삼는다.

 임방의 계사의 핵심은 조사할 필요 없이 이혼을 시켜 신태영을 처벌하라는 것이지만, 그가 주장을 펼치는 과정에서 몇 가지 중요한 사실이 새롭게 드러났다. 첫째, 유정기가 신태영을 가묘에 고하고 내쫓은 뒤 13~14년이 지난 뒤에야[41] 예조에 이혼을 신청한 이유였다. 임방은 이에 대해 아들 유언명이 죽을힘을 다해 다투어 13~14년을 끌었다고 말한다.[42] 이 말을 어디까지 믿어야 할지는 의문이다. 임방의 말이 사실이라면 유정기는 신태영을 쫓아내던 그 당시에 이미 이혼을 결심하고 자신의 의사를 주변 사람들에게 두루 알렸다는 것인데, 이것은 '축출=이혼'의 등식이 성립하지 않았던 당시 사회 분위기로 보아 거의 불가능한 일이다. 유언명이 말렸기에 13~14년 뒤에야 이혼을 신청했다는 것은 뒤에 만들어낸 변명으로 보아야 할 것이다.

 둘째, 쫓겨난 이후에도 신태영은 패륜하고 불측不測한 행위를 했다고 구체적으로 지적한다.

신태영은 평소 생모에게 불효한 탓에 은정恩情이 끊어지기에 이르렀고, 모자의 사이가 원수와 같았습니다. 이 때문에 본가(친정)로 돌아가지 못하고 서울에 있는 오라비의 빈집에서 붙어살았습니다. 그 집의 협실狹室에는 무뢰한과 상놈들이 밤낮 모여 도박판을 벌이고 술주정을 하여 난잡하기가 짝이 없었습니다. 그의 오라비가 와서 보고 깜짝 놀라 쫓아내고 금지시키자 신태영은 화를 내면서 오라비와 소리를 지르며 싸움을 벌였고, 제 손으로 그 집에 불을 질렀습니다. 이웃 사람들이 불을 보고 끄려고 하자 신태영이 나와서 소리를 지르며 "내가 내 집에 불을 지르는데 누가 와서 끈단 말이냐?" 하였고, 이 말에 이웃에서 모두 물러나 마침내 집은 잿더미가 되고 말았습니다.[43]

9월 24일 임방은 처음 계사에서 신태영이 유언명의 집에 머무르고 있다가 아들의 병을 치료하고자 찾아온 유정기와 만난 것을 계기로 하여 밤중에 집을 떠났다고 말한 바 있다. 뒷날 나온 증언에 의하면, 신태영의 친정은 명례동明禮洞, 곧 지금의 명동에 있었다. 하지만 그녀는 명동의 친정으로 가지 못하고 오빠의 빈집으로 가서 살았다고 한다. 생모 운운하는 것으로 보아 신태영의 친정어머니는 생존해 있었지만 친정으로 돌아갈 수가 없었고, 유정기의 집에서 쫓겨난 뒤 얼마 동안 오빠의 집에서 머무르다가 불이 난 것을 계기로 하여 유언명의 집으로 갔던 것이 아닌가 한다.

임방의 말을 그대로 따르자면, 신태영은 워낙 패악스러운 성격의 소유자다. 임방은 신태영의 이런 패악함을 보건대 다른 일도 미루어 알 수 있다고 주장한다.[44] 하지만 그 일의 진위는 알 수 없다. 그것은 임방의 일방적 주장일 뿐이고, 신태영의 변명을 들을 수 없기 때문이다. 친정어머니에게 불효하여 은정이 끊어졌고, 그 때문에 친정으로 돌아가지 못했다는 말을 일방적으로 믿을 수 없는 것은, 이 발언이 어떤 구체성을 갖고 있지 않기 때문이다. 협실에서 상것들과 도박판을 벌이고 술주정을 했다는 것 역시 쉽게 믿을 수가 없다. 뒷날의 증언과 기록에 이에 관한 구체적 증거가 전혀 보이지 않기 때문이다. 만약 이런 것들이 사실이라면 유정기 쪽에서 대단히 유리한 증거로 활용했을 것이다. 불이 난 것은 사실이지만, 신태영이 불을 질렀다고 보기도 어렵다. 실화일 가능성도 있기 때문이다. 요컨대 신태영에 대한 임방의 진술은 신태영을 부도덕한 인간으로 이미 결정한 차원에서 이루어지고 있기 때문에 그대로 믿기 어렵다.

앞서 임방은 신태영이 밤중에 홀로 집을 나간 것을 실신, 곧 성적 오염으로 보고 이혼의 중대 사유로 내세웠다. 하지만 민진후는 그것을 실신이라 단정할 수 없다고 반박했다. 이제 임방은 신태영의 실신을 입증해야 할 것이다. 하지만 이 부분에 대한 명백한 증거는 없었다. 임방은 이렇게 변명한다.

야음을 틈타 달아난 일로 말하자면, 비록 그가 실행한 것을 목도하지는 않았을지라도 칠흑 같은 한밤중에 홀몸으로 집 밖으로 나가 길거리를 돌아다니고 멀리 있는 다른 동네까지 갔으니, 만약 강포強暴한 자를 만났다면 반드시 오욕汚辱을 당했을 것입니다. 그가 실신하는 바가 실행과 무

엇이 다르겠습니까?⁴⁵

임방은 신태영의 실행을 직접 본 적은 없다고 말한다. 하지만 강포한 자를 만났다면 오욕을 당했을 것이고, 그것은 곧 실행과 같다고 말한다. 임방은 두 번의 가정을 거쳐 신태영의 실행을 단정한다. 신태영은 아마도 강포한 자를 만나야 했고, 두 번째는 강간이나 강간에 준하는 성적 추행을 당해야 했을 것이다. 곧 임방은 '여성이 밤중에 홀로 다니면 강간을 당할 수도 있다는 가정'을 신태영이 성적으로 오염되었다는 사실과 동일시한다. 따라서 임방의 주장은 설득력이 없다.

임방은 민진후가 제기한 사실 여부에 대한 철저한 조사에 대해서도 답을 해야 했지만, 정작 그 답은 허망하게도 조사는 필요하지 않다는 것이었다. 즉 유정기가 전후로 고한 신태영의 죄상은 아주 명백하여 조금도 의심할 만한 단서가 없으므로 다시 조사할 필요조차 없다는 것이다. 하지만 이 말로 조사가 필요하다는 주장을 침묵시킬 수는 없었다. 임방은 조사 과정에서 신태영의 입에서 쏟아져 나올 말을 두려워하고 있는 것으로 보인다. 만약 조사가 이루어진다면 신태영은 모든 사안에 대해 하나하나 변명을 할 것이고, 신태영의 진술의 사실 여부를 판단하기 위해서는 유정기와의 대질이 불가피하였다. 두 사람의 말이 끝내 다르다면, 신태영의 변명을 듣고 신태영에게 죄가 없다는 결론을 내릴 가능성도 있는 것이다. 신태영의 처벌을 일관되게 주장하는 임방으로서는 이런 사태가 일어나서는 안 될 것이다.⁴⁶ 그렇다고 해서 부부간의 문제에 대해 형장刑杖을 쓸 수도 없었다. 임방은 '법리法理'로 판단하건대 이 사건을 다시 조사하는 일은 있을 수 없다고 주장했다.

임방이 신태영을 조사할 필요가 없다고 주장하는 또 하나의 근거는 남편-아내의 위계적 관계다. 유가의 윤리에 의하면 임금-신하, 아버지-아들, 남편-아내의 관계, 즉 삼강三綱의 관계는 상-하의 위계적 관계를 정상 상태로 전제하고 있다. 이 위계적 관계에 따르면, 남편의 말을 믿지 않고 아내로 하여금 남편에 대해 증언하게 하는 것은 윤리에 저촉되는 것이다.[47] 임방은 남편-아내가 윤리적 상하 관계인 것, 따라서 아내가 남편에 대해 항변할 수 없음을 입증하기 위해 아버지가 자식의 패악을 고발하는 소장을 올리면 자신의 소생이든 양자이든 구별하지 않고 아버지의 소장을 따라 처벌하며, 본래 그 자식에게 조사해 묻는 일이 없음을 떠올렸다. 즉 남편이 아내의 악행을 고소한 경우, 그것을 들어주지 않고 조사, 대변하게 하는 것은 아버지의 고소를 믿지 않고 자식에게 다시 묻는 것과 다를 바 없다는 것이다.[48] 임방은 남편 〉아내의 관계를 아버지 〉아들의 관계로 등치시키고 있다. 아버지의 위계가 높기 때문에 자식을 신문할 수 없다는 것도 논리에 어긋나지만, 남편-아내의 관계를 아버지-아들의 관계로 등치시키는 논리에 대해서는 당연히 반발이 있을 수 있다.

임방은 그 경우를 상정한다. 그는 "부부는 '배체配體'의 관계이기 때문에 임금-신하, 아버지-아들의 관계와는 조금 다름이 없지 않다."는 혹자의 반론에 대해 그것 역시 아주 그렇지 않다고 반박한다.[49] 남편-아내의 관계가 삼강에 속하기는 하지만, 임금-신하, 아버지-아들의 관계와는 다른 특수한 관계라는 혹자의 주장은 일리가 있다. 즉 부부는 상·하의 수직적 관계라기보다는 수평적 관계로 볼 소지가 많다. 본디 그것은 성적인 관계이기 때문이다. 그것은 상식 수준에서 얼마든지 제기될 수 있는 문제다. 성적 관계에 있는 여성을 통어統御하기 위해서는 남-녀의 친밀한 성적 관계를 절제할 필요가 있었다. 이이李珥의 다음 지적은 그 절제가 매우 어려운 것임을 나타내고 있다.

오늘날 학자들은 밖으로는 비록 조심하는 기색이 있으나 안으로는 독실한 마음을 갖는 자가 적다. 부부 사이에 잠자리에서 흔히 정욕을 삼가지 않아 그 위의를 잃는다. 그러므로 부부가 지나치게 버릇없이 굴지 않고 서로 공경하는 일이 매우 적다. 이러고서 몸을 닦고 집안을 다스리려 하면 어렵지 않겠는가?

반드시 남편은 화순하면서 의리로 제어하고, 아내는 순종하면서 바른 도리로 받들어야 집안일이 잘 다스려질 수 있다. 만일 평소 서로 지나치게 버릇없이 굴다가 하루아침에 갑자기 서로 공경하려 한다면 그 형세가 그렇게 하기 어려운 것이다.

그러므로 남편은 모름지기 아내와 서로 경계하여 종전 버릇을 반드시 버리고 점차 예법의 경지로 들어가는 것이 옳다. 아내가 만일 나의 발언과 몸가짐이 한결같이 올바름을 본다면 반드시 점차 서로 믿고 순종할 것이다.[50]

가부장의 권력을 쥔 남성이 여성과의 성적 관계에서 욕망을 절제하지 못할 경우, 그 권력을 행사하기 어려울 수 있다는 말은 원래 성적 관계인 남-녀가 수직적 권력관계가 될 수 없음을 입증하는 것이기도 하다.

하지만 임방은 성인이 삼강을 정한 뜻이 지엄하고 무겁기 때문에 부부 사이에서 경·중과 동·이를 가볍게 나눌 수 없다고 말한다. 즉 '부위 부강夫爲婦綱'이라는 말 자체가 이미 남편의 아내에 대한 절대적 우위를 선언하고 있기 때문이라는 것이다.[51] 임방은 최후의 근거로 성인을 끌어들였다. 성인을 끌어들이면 대개 권위를 갖게 되지만, 이후 사건은 임방의 주장대로 되지 않았다.

예조와 민진후가 일관되게 유정기의 이혼 요청을 각하한 중요한 근거는 국법에 이혼에 관한 법률이 없다는 것이었다. 임방은 이 문제에 대해 법적 근거를 찾아냈다고 주장한다. 즉《경국대전》에는 이혼에 관한 조항이 없으나《대명률大明律》에는 이혼 조항이 있으며, 조선은 형법에서《대명률》을 따르고 있으므로 이 조항은 실로 국전國典과 같다는 것이다. 따라서 이혼이 국법에 어긋난다고 말할 수 없다는 것이다.[52]

《대명률》의 조항이란〈형률刑律〉'처첩구부妻妾毆夫'조로, "처 또는 첩이 남편을 구타한 경우, 장杖 100대에 처한다. 남편이 이혼을 원하면 들어준다. 모름지기 남편이 직접 고해야만 죄가 성립한다."[53]는 내용이다. 임방은 이 조문이 '이혼을 원하면 들어준다'고 말하고 있을 뿐, '조사'를 말하지 않은 것은 대개 남편이 고소한 것을 미심쩍게 여겨 다시 물어보겠다는 의도가 없는 것이라고 해석한다.[54] 임방은 이 조문을 조사 없이 곧장 처벌이 가능한 근거로 끌어들였다. 당연히 임방의 주장에는 문제가 있었다. 즉 위의 조항은 처 또는 첩이 남편을 구타한 경우에 해당되는 조항이라는 점이다. 이 때문에 임방의 주장은 뒷날 반박을 받게 된다.

임방은 신태영-유정기에게 이혼을 허락하는 것이 불화 관계에 있는 부부들의 이혼을 무제한으로 가능하게 할 것이라는 민진후의 주장에 대해서도 반박했다. 즉 죄악이 뚜렷하게 드러나 세상이 모두 아는 경우에 대해서만 이혼을 허락하고, 모호하여 밝히기 어려운 경우는 허락하지 않는 것을 원칙으로 삼자는 것이다. 그리고 의심할 나위가 없는, 말하자면 신태영과 같은 경우를 뒷날 폐단을 걱정하여 법의 적용을 융통성 없이 하는 것은, 목이 멘다는 이유로 밥을 먹지 않는 것과 다를 바가 없다는 것이다.[55] 임방은 만인이 알 정도로 죄상이 뚜렷한 경우는 이혼시키고, 그 외는 신중하게 처리하자는 입장이지만, 그 정도는 남성에 의해 주관적으로 판단될 수 있다. 그 역시 여성을 일방적으로 이혼시키는 결과를 불러올 것이었다.

끝으로 임방은 신태영의 죄를 세상이 모두 알고 있고, 남편이 소장을 올리고, 일문이 관아에 서류를 올리고, 대관이 논계한 상황에서 이혼을 허락하지 않고 신태영의 말을 듣고 시비를 가린 뒤에 이혼을 허락한다면, 이후 아내가 아무리 사납고 악독해도 남편이 고소할 길이 없어질 것이고, 조정에서 죄를 바로잡는 길이 없어져 풍습을 교화하는 일에 엄청난 해를 끼칠 것이라고 주장한다. 그는 자신이 법을 집행하는 대신大臣으로 예조 판서 민진후와 의견이 대립된 것은 자신의 오류라며 사직시켜달라고 청했다. 물론 숙종은 사직을 허락하지 않았다.

이틀 뒤인 9월 28일 임방은 다시 계사를 올린다. 《숙종실록》은 임방이 신태영의 이혼을 계속 주장했지만 숙종이 허락하지 않았다고 간단히 기록하고 있지만, 같은 날의 《승정원일기》와 《수촌집》에는 긴 계사가 온전히 실려 있다. 양자는 동일하므로 여기서는 《승정원일기》 쪽을 택하기로 한다. 임방은 먼저 민진후와 자신의 의견이 다르다는 것을 확인하지만, 그것은 결국 같은 문제를 각각 다른 차원에서 접근한 것이라고 말한다.

대저 나라를 다스리는 도리는 '예禮'와 '법法'을 벗어나지 않습니다. 예는 앞에 있는 것이고 법은 그 뒤에 있는 것이니, 법이란 이른바 예를 돕는 것입니다. 그 법을 시행하고자 하되 예에 해가 되지 않으려면 차라리 법을 버릴지언정 예를 취해야 윤상倫常의 의리에 어긋나지 않는 것입니다. 이것이 진실로 나라를 다스리는 사람들이 신중하게 대처해야 할 바입니다.

종백宗伯(예조 판서)의 의견은 부도不道를 저지른 경우 경솔하게 단정하지 말고 먼저 조사해 물은 뒤에 이혼을 허락하자는 것이니, 이것은 법을 지키는 사람의 말입니다. 하지만 신은 남편이 처의 죄를 고소한 경우는 일이 송사하여 분변하는 것과 다르고, 윤리와 기강에 관계되는 바이기 때문에 마땅히 들어주어 허락해야 한다고 생각합니다. 이것은 예에 근거한 주장입니다.[56]

임방은 문제를 예와 법으로 나누고, 자신과 민진후는 각각 정당한 근거에 입각한 것이며, 숙종 역시 그에 따른 것이라고 말한다.[57] 임방의 주장은 유가의 예와 법에 대한 본질적인 이해에 근거한다. 공자는 "백성을 법으로 인도하고 형벌로 가지런히 하면, 백성은 형벌을 면할 수 있겠지만 부끄러움이 없게 될 것이다. 하지만 덕으로 인도하고 예禮로써 가지런히 하면, 백성은 부끄러움을 알고 선善에 이를 것이다."[58]라고 한 바 있다. 임방의 발언은 바로 《논어》란 권위에 근거하여 윤리-예-

법을 서열화한다. 곧 법에 선행하는 것이 예이며, 예에 선행하는 것이 윤리다.

임방의 발언은 유가의 입장에서는 반박하기 어렵다. 하지만 임방의 '예'라는 것이 위계적 윤리를 의미한다는 데 문제가 있었다. 그의 주장을 계속 들어보자. 즉 남편이 아내를 고소한 경우는 보통 사람들 사이의 고소와는 똑같이 논할 수 없다는 것이다. 임방의 논리는 일면 타당하다. 친족 간의 고소를 보통 사람들 간의 고소 사건과 똑같이 취급할 수는 없다. 하지만 임방이 노리는 것은 그것이 아니다. 남편이 아내를 고소한 경우는 아버지가 자식의 죄를 고소한 것이나 주인이 노비의 죄를 고소한 것과 조금도 차이가 없다는 것이다. 즉 법례法例에 아버지 혹은 주인이 자식 혹은 노비를 고소했을 경우 자식이나 노비에게 그 사실 여부를 확인하는 일이 없는 것처럼, 남편이 아내를 고소했을 경우 아내에게 그 고소 내용의 사실 여부를 조사하는 길이 열린다면 결국 윤리를 해치는 결과를 불러올 것이라는 것이 임방의 주장이다. 남편과 아내는 아버지와 자식, 주인과 노비의 관계와 똑같은 상-하의 관계라는 것이다.

하지만 여전히 반론이 예상된다. 남편과 아내의 관계란 아버지-자식, 주인-노비의 관계와 결정적으로 다른 것이다. 그것은 본질적으로 성적인 관계다. 즉 남'성'과 여'성'의 관계다. 그 관계에는 애증愛憎이 개재한다. 따라서 그는 다음과 같은 경우를 예상한다. "만약 남편만이 아내의 죄를 고소하게 한다면, 혹 애증의 편벽됨과 참소와 비방의 거짓이 있어 믿을 수 없는 어려움이 있다."[59] 즉 남편은 일방적인 우위에서 애정이 식은 아내의 행위를 부도덕과 비윤리로 몰아넣을 수 있고,

이에 대해 아내는 전혀 항의할 수 없다. 축첩 제도와 기녀 제도가 존재하는 사회에서 정처의 소박은 얼마든지 현실적으로 일어날 수 있는 문제였고, 또 뒤에 언급하겠지만, 사실 유정기와 신태영의 갈등 역시 유정기가 들인 비첩 때문에 일어난 것이었다. 하지만 임방은 비첩 문제에 대해 완전히 침묵하고 있다.

원래 민진후가 제기하고, 또 임방도 인정하지 않을 수 없는 이 반론에 대해 임방은 신태영의 죄상은 유정기 한 사람이 제기한 것이 아니라 유정기의 동종同宗 50명이 관청에 소장을 제출한 것이기에, 즉 다수의 종족이 일제히 유정기 개인의 말을 따라 명확하지 않은 일을 관에 고발했을 리가 없기에 사실이라고 주장한다. 따라서 제주에 오물을 섞은 것과 시부모에게 욕설을 한 것은 신태영이 한 것이 확실하므로 조사할 필요가 없다는 것이다. 신태영을 조사할 경우 변명할 것이 뻔한데, 어떻게 그것을 증거로 취할 수 있겠냐는 것이다. 하지만 유정기의 동종 50명이 사태를 객관적으로 파악할 수 있는 증인이 아니라 유정기와 이익을 공유하는 집단이라는 점에서 임방의 말은 설득력을 잃는다. 임방은 오직 신태영에 대한 직접 조사의 가능성을 피하려 하고 있을 뿐이다.

임방은 유정기의 말을 진실로 인정하지 않는다면, 즉 조사를 강행한다면, 그 결과는 시비를 가릴 수 없을 것이라고 말한다.

자녀와 노비에게는 이미 물을 수가 없습니다. 이외에 다른 사람은 관계된 바가 없으니, 사세로 보아 단지 그 남편과 대질시켜야 할 것입니다. 부부가 만약 다투어 각각 말이 달리 나온다면, 마땅히 어떻게 조사가 이루어져 사실을 밝힐 수가 있겠습니까? 이른바 조사란 것이 아마도 종내 아무 결과도 얻지 못하는 데로 돌아갈 듯합니다.[60]

만약 조사가 이루어진다면 먼저 신태영-유정기와 가장 가까운 제3 자, 즉 자식과 노비를 증언대에 올려야 한다. 이들의 증언은 아랫사람의 윗사람에 대한 증언이라는 약점을 갖는다. 객관적인 증거력이 떨어질 수도 있다. 그러므로 부부에 대한 조사가 필연적이다. 하지만 부부에 대한 조사는 신태영이 자기변명을 쏟아내는 기회를 제공할 뿐이다. 또 부부의 주장이 각립한다면, 아무도 그 시비를 가릴 수가 없게 된다. 결과적으로 신태영에게 처벌로서의 이혼을 강제할 수 없을 것이다. 이 결과는 사실상 유정기의 패배를 의미하는 것이다. 임방은 그것을 피하고 싶었던 것이다.

말은 지루하게 이어지지만 임방은 신태영을 조사하지 않는 것이 법에서 잃는 것이 가장 적고, 강상綱常을 돌아보지 않고 조사를 진행하는 것은 예를 잃어버리는 것이 가장 크다는 논리로 신태영을 먼저 조사하라는 명을 거두고 빨리 이혼을 허락해줄 것을 요청했다. 하지만 숙종은 허락하지 않았다.

이혼 불가의 새 논리, 대사헌 송상기

———

　임방과 예조, 그리고 예조 판서 민진후의 견해 차이는 엄밀한 조사의 선행 여부에 있었다. 즉 조사 없이 이혼을 시켜야 한다는 것이 임방의 견해이고, 예조와 민진후는 엄밀한 조사가 선행되어야 이혼 여부를 결정할 수 있다는 것이다. 이 두 견해는 사대부 사회를 양분하였다. 9월 29일 대사헌 송상기宋相琦 역시 민진후의 견해에 찬동했다.[61]

　송상기는 신태영의 패란한 행실이 임방이 열거한 바와 같다면 막대한 변이라고 일단 임방의 주장에 동조한다. 신태영의 용서할 수 없는 죄는 남편인 유정기도 이미 고소장을 제출해 이혼을 청한 바 있으니, 덮어두고 묻지 않을 수가 없다는 것이다. 하지만 바로 이 지점에서 송상기는 임방과 갈라졌다. 즉 송상기는 국가에서 법을 집행할 때 아무리 악역惡逆의 죄라 할지라도 반드시 자복을 받아낸 뒤 비로소 법률로 단죄하는 것은 법을 엄격하게 적용하기 위한 것이며, 아울러 뒷날의 폐단을 막기 위해서라고 말한다. 신태영의 죄상에 대한 사실 여부의 조사와 신태영의 승복을 얻기 전에는 이혼을 강제할 수 없다는 말이다.

　송상기는 이 논리에 입각해 임방의 견해를 하나씩 논파한다. 첫째, 신태영의 죄상은 남편인 유정기가 이미 문서를 작성해 올렸고, 또 유정기의 종족들이 관아에 서류를 제출한 바 있어서 달리 물을 곳이 없다고 한 임방의 주장은 그럴듯하면서도 사실은 그렇지 않다는 것이다.[62] 왜냐? 신태영과 유정기를 같은 곳에서 대질시켜 시비곡직을 따지는 일은 있을 수 없지만, 신태영의 죄악이 낭자하여 온 세상에 환히 드러난 것이 사실이라면, 그것은 집안사람만 아는 사실이 아닐 것이라는 것이다. 따라서 신태영-유정기의 자녀나 종들에게는 물을 수 없지만, 종족이나 타인에게는 물을 수가 있다는 것이다.[63] 이것은 임방의 견해를 넘어서는 논리였다. 만약 그렇게 물어서 신태영의 죄가 사실로 밝혀질 경우, 신태영은 이혼은 말할 필요조차 없고 죽어 마땅한 여자라는 것이다. 동일한 가부장제에 기초해 있지만, 송상기는 민진후처럼 신중하게 일을 처리하자는 입장이다.

나아가 송상기는 임방이 서둘러 신태영을 이혼시키려 하는 의도를 이렇게 지적했다. "지금 허실을 분변하지 않고 미리 죄를 결정하려는 것은, 여자의 입을 두려워하여 그 남편의 소원을 곡종曲從하는 듯한 느낌이 있다."[64] 송상기는 신태영을 조사할 것을 강력하게 주장하지는 않았지만, 임방의 주장을 받아들여 신태영에게 말할 기회를 주지 않고 곧바로 처벌한다면 죄를 받는 신태영이 도저히 심복하지 않을 것이라고 주장했다.[65] 그의 결론은 이렇다.

조사해 묻지 말고 참작해서 죄를 결정하자는 말은 더욱 이해하지 못하는 바입니다. 이것이 어떤 죄범罪犯입니까? 그런데도 한 번도 끝까지 조사해보지 않고 반생반사半生半死의 사이에 두자는 것입니까?

무릇 죽을죄를 참작 처분할 때 대신大臣이 다투어 고집하는 경우는 신이 들어보았습니다만, 법을 집행하는 처지에서 먼저 참작하자는 청을 낸 경우는 들어본 적이 없습니다.[66]

죽을죄를 참작해 처분할 때 대신이 다투어 고집하는 경우란, 죽을 죄를 저지른 사람을 왕이 참작해서 감형하는 것을 말한다. 이때 사헌부의 신하는 원칙론을 펼쳐 엄벌에 처하기를 다툰다. 하지만 임방은 사헌부의 관리로서 죽을죄에 해당할 수도 있는 신태영의 죄를 참작해서 처분하자고 주장하니, 자신은 그런 경우를 들어본 적이 없다는 것이다.

끝으로 송상기는 신태영의 자식이 사헌부에 있는데도 어미의 극죄極罪를 논하여 중죄로 처벌하기를 청하는 것은 너무나도 각박한 처사라고 지적했다. 송상기는 말미에서 자신과 사헌부 관원들과 의견이 다르니 같이 있기 어렵다면서 사직을 청했지만 숙종은 허락하지 않았다.

임방의 3차 반박

———

송상기가 임방과 의견이 다르다면서 인피引避하는 계사를 올린 그 날, 임방 역시 인피하는 계사를 올렸다.[67]

《경국대전》에는 이혼에 관한 법이 없지만 《대명률》에는 이혼을 청하면 들어준다는 법이 있다는 것, 그리고 그 역시 국법이라는 것, 신태영의 죄악은 너무나 분명하여 이혼시키는 것이 원래 정당한데도 예조에서 허락하지 않은 것은 근거 없는 일이라는 것, 신태영의 죄상은 남편의 소장과 온 종족의 정단呈單에서 볼 수 있듯이 마땅히 관계를 단절해야 할 일이 칠거지악에만 그치지 않으니, 이혼 여부는 끝까지 물어보지 않고도 알 수 있다는 것이다. 송상기는 임방이 신태영의 입에서 쏟아져 나올 말을 두려워하여 유정기를 편드는 것 같다고 지적한 바 있는데, 임방은 도리어 송상기야말로 신태영을 편드는 것이 아니냐고 말한다.

만약 그의 말과 같다면 마치 신녀申女의 죄를 의심과 믿음 사이에 두어 이혼 여부를 예정할 수 없는 것처럼 여김이 있게 되니, 이것이 어찌 사리가 그러하지 아니하고 사람들이 개탄스럽게 여기며 분해하는 부분이 아니겠습니까?[68]

즉 송상기의 논리라면 신태영을 이혼시키지 않을 가능성도 있다는 것이다. 임방으로서는 이것을 용납할 수 없는 것이다.

임방은 조사를 선행하자는 송상기의 주장에 대해, 그것은 평범한 일로 다투고 따지는 경우를 의미하는 것일 뿐, 남편이 아내와 이혼하기를 원하는, 그리고 죄상이 뚜렷한 경우는 해당되지 않는다고 지적한다. 그리고 설령 조사가 있어야 한다 하더라도 먼저 이혼시킨 뒤 조사하는 것이 옳다고 주장하였다.[69]

임방은 송상기가 다른 종족에게 물을 수 있다고 한 것에 대해서도 반박했다. 즉 자신이 조사 없이 곧바로 법을 살펴 정죄正罪하자고 청한 것은 철저히 조사하지 않으려는 의도가 아니라는 것이다. 단지 따져 물을 길이 없기 때문이라는 것이다. 즉 남편과 아내를 대질시킬 수가 없고, 또 자녀들에게도, 종들에게도 물을 수 없는데, 송상기는 장료長僚, 즉 종족 중 여러 사람에게 물을 수 있다고 말한다. 하지만 50명의 종족이 함께 정단하지 않았던가. 따라서 더 물을 사람이 없다. 그런데도 만약 따져서 묻고자 한다면, 그것은 필연적으로 이루어질 수 없는 일이다. 때문에 조사 없이 곧바로 감죄하자고 청했던 것이다. 이것이 임방의 논리다. 즉 종족 50명이 이미 정단한 이상 더 물을 대상이 없다는 주장이다.

송상기는 임방이 사헌부의 관리로서 죽을죄에 해당할 수도 있는 신태영의 죄를 참작해서 처분하자고 주장했다고 반박했는데, 임방은 여기에 대해서도 다시 반박했다. 즉 신태영의 죄가 무겁지만 조사하기가 어려우니, 곧장 사율死律로 감죄하는 것은 너무 무거운 결과가 되기에 참작하여 적절한 율律을 정하자고 말했을 뿐이라는 것이다.[70]

마지막으로 임방은 유정기의 아들 유언명을 체차遞差하자고 청한 송상기의 견해에도 이론을 제기했다. 즉 유언명이 사헌부 지평으로 있는데 동료 대간이 그 어미의 죄를 논하는 것이 아주 참담하다는 것은 인정상 그럴 수 있다는 것이다. 그리고 처음 문제를 제기한 날 자신 역시 마음이 언짢고 불안했지만, 반드시 논해야 하는 일이기 때문에 그만둘 수가 없었다고 변명한다. 하지만 대각의 사체事體란 동료에게 죽어야 마땅한 죄가 있다면 또한 죽일 것을 청하는 법이니, 단지 그 죄의 유무만을 볼 뿐이고, 자식이니 어미니 하는 것을 논할 수가 없다는 것이다. 따라서 대각의 체모를 손상시켰다는 말을 자신은 이해할 수 없다고 주장한다.

임방은 송상기에게 배척을 받았으니 사헌부에 머무를 수 없다면서 체직을 청했지만, 숙종은 사퇴하지 말라고 답했다. 임방은 사헌부의 장령(정4품)이고, 송상기는 사헌부의 장長인 대사헌(종2품)이다. 대사헌이 이의를 제기하고 인피引避한 이상 두 사람의 의견 대립을 조정하고, 그 중 한 사람의 직임을 갈아야 하는 문제가 제기되었다. 이렇게 언관言官의 의견이 갈릴 경우 제3자가 판단하여 결정하는 것을 처치處置라고 한다. 사간원의 사간 최계옹崔啓翁이 임방과 송상기의 처치를 맡았다. 최계옹은 사건의 허실을 먼저 조사하자는 것이 법의法意에 맞다 하여 송상기는 계속 출사하게 할 것을, 먼저 이혼시키고 뒤에 조사하는 것은 차례를 잃은 말이라 하여 임방을 체직시킬 것을 청하였고, 숙종은 최계옹의 말을 수용하였다. 이어 이여李畬가 신태영은 지평 유언명의 계모인 바, 유언명이 계속 사헌부에 있기 난처하므로 변통하는 도리가 있어야 할 것이라고 하자, 숙종은 유언명을 체차하였다.[71]

결과적으로 임방은 민진후와 송상기의 법리를 앞세우는 견해에 패배한 것이었다. 이에 임방의 견해에 동조하여 이혼은 법리상 당연한 것이며, 조사가 필요 없다는 견해를 공유한 사헌부 집의 김상직金相稷, 지평 심택현沈宅賢이 계사를 올려 체직을 청하였다. 숙종은 사직하지 말고 여론을 기다리라고 답했다.[72]

신태영-유정기에 대한 의금부의 조사

───

10월 9일 신태영을 의금부의 옥에 가두기로 결정하였다.[73] 원래 신태영의 조사는 형조에서 맡게 되었으나, 형조에서 의금부 조사를 주장했다. 조정의 벼슬아치로서 죄를 지은 자는 의금부에서 추문推問하는 것이 원칙이고, 조관의 처인 신태영은 아직 이혼하기 전이므로 남편 유정기의 관작에 따라 의금부에서 맡는 것이 옳을 것이라는 의견을 내어 숙종의 허락을 얻었기 때문이다.[74] 이튿날인 10월 10일 의금부는 신태영을 의금부에 가둔다고 보고하였다.[75]

10월 19일 의금부에서는 다음과 같이 보고한다. 신태영이 자신에게 덧씌워진 각 항의 죄목은 모두 전처의 아들 유언명이 계모인 자신을 어머니로서 섬기지 않고 마침내 날조한 것이라고 주장했다는 것이다. 유정기가 제기한 원래 문제는 신태영의 시부모에 대한 불효와 그것에 근거한 이혼 신청이었는데, 신태영은 갑자기 유언명의 불효가 모든 문제의 근원이라고 되받은 것이다. 불길은 유언명 쪽으로 번졌다. 다만 이 부분에 대해서는 뒤에 다시 논하도록 한다.

의금부는 신태영의 주장을 수용하지 않았다. 사실 여부를 따지기 위해 신태영과 유언명을 대질시키는 것은 어머니와 자식을 서로 힐난하게 하는 결과를 가져오기에 결코 할 수 없다는 것이다.

의금부의 1차 조사에서 신태영이 주장하고 요구한 내용은 다음과 같았다.

첫째, 가족이 연명한 소장의 장두狀頭(연명 문서의 첫머리에 적힌 사람) 한 사람이 자신의 죄를 날조한 것이다.

둘째, 비첩 예일禮一이 자신의 야행을 직접 보았고, 박운산朴雲山이 데리고 갔다고 하니, 박운산의 계집종 순개順介와 유언명의 계집종 이생二生, 자기 남편 집의 계집종 태례泰禮, 자신의 계집종 예업禮業 등을 잡아다 물어볼 것.[76]

이 요청은 수용되었다. 숙종의 허락을 얻은 의금부는 그날 예일·순개·태례·예업을 잡아다 가두었다. 다만 소장의 장두 유명구兪命九는 일흔 살의 고령으로 병든 몸인 데다가 이질까지 앓고 있어, 가마에 실려 직산현稷山縣까지 왔지만 병세가 위중해져서 말도 하지 못하고 음식도 먹지 못하는 형편이라는 직산 현감의 보고가 있었다. 의금부는 소장에 두 번째로 이름을 올린 유명뢰兪命賚를 잡아다 가두자고 제안하여 숙종의 허락을 얻었다.[77] 유명구와 유명뢰는 모두 유정기의 칠촌숙이었다.

본격적인 조사가 시작되었다. 유명뢰는 이렇게 말했다.

(1) 허다한 동족이 어찌 갑자기 유정기의 강한 부탁으로 무죄한 사람을 거짓으로 얽을 수 있겠습니까? (2) 저는 유정기의 칠촌입니다. 하지만 한집에 같이 사는 사람도 아니니, 집안에서 하는 일을 어찌 귀로 듣고 눈으로 보는 일이 있겠습니까? (3) 저는 이외에는 아무것도 아뢸 것이 없습니다.[78]

유명뢰의 말은 모호했다. 허다한 동족이 유정기의 부탁으로 신태영의 죄를 날조한 것은 아니다(1). 이 말에 따르면 신태영은 유죄다. 하지만 자신이 그 범죄를 직접 본 것은 아니다(2). 유죄일 가능성은 충분히 있지만, 자신이 그것을 보지 못했기에 분명하게 말할 수 없다는 것이다. 유명뢰는 이렇게 해서 자신이 사건에 연루될 가능성을 지워버렸다(3). 반면 조사하는 의금부의 입장에서는 유명뢰로부터 신태영의 유죄를 확신할 어떤 증거도 얻지 못하고 말았다. 다른 증인도 마찬가지였다.

유언명의 계집종 이생은 신태영이 밤중에 자기 친정으로 돌아갈 때 별달리 실신失身하는 일이 없었고, 자신 역시 같이 따라갔기에 신태영이 명례동의 본가, 즉 신태영의 친정에 간 것이 확실하다고 증언했다.[79] 더욱이 뒷날의 조사에 의하면 전처의 셋째 아들 유언형도 밤에 계모 신태영을 따라갔다고 한다. 예업·순개·태례의 증언도 같았다.[80] 유명뢰와 이생은 별달리 물을 일이 없어 풀려났다. 이들의 증언으로 신태영이 밤중에 홀로 길을 갔기에 미지의 남성으로부터 성폭행을 당했을 가능성이 있다는 임방의 주장이 근거 없는 것임이 밝혀졌다. 임방이 신태영의 조사를 피하려 한 것은 이런 사태를 두려워했기 때문일 것이다.

이생과 다른 여종들이 신태영이 밤중에 친정으로 돌아가면서 실신한 일이 없었다고 공히 증언하였으므로 이 부분에 대해서는 신태영에게 더 물을 만한 단서가 없었다. 하지만 시부모에게 욕설을 퍼붓고, 제주에 오물을 섞은 일은 여전히 해명해야 할 것이었다. 유명뢰는 이 부분에 대해 다음과 같이 증언했다.

비록 보지는 못했지만, 제사에 참여하기 위해 유정기의 집에 왕래할
즈음에 유정기의 말을 직접 들었으니, 어찌 동종同宗으로서 듣지 못한 자
가 있겠습니까?[81]

유명뢰의 말은 제사에 참여하기 위해 유정기의 집을 방문했을 때 유
정기의 말을 들었으니, 자신만이 들은 것은 아니라는 것이었다. 이것
은 증언으로서 결격 사유가 있었다. 즉 시부모에게 욕을 하고, 제주에
오물을 섞은 것을 유명뢰가 직접 본 것이 아니고, 오로지 유정기의 말
에 근거한 것이었기 때문이다. 유정기는 이혼을 다투고 있는 사건 당
사자였기에 다른 사람의 증언이나 객관적 증거 없이 그의 말을 사실로
인정할 수는 없었다. 의금부는 또 신태영을 신문했지만, 그녀의 말은
모두 유명뢰의 말과 어긋났다고 한다.[82] 의금부는 다시 신태영을 신문
할 것을 요청하여 허락을 얻었다.

이 지점에서 희한한 일이 벌어졌다. 11월 3일 의금부에서 유명뢰를
신문하여 그 내용을 정서할 때 유정기가 외부에서 원정초元情草 한 부
를 의금부 나장羅長을 시켜 하리下吏에게 전해주어 고쳐서 들이게 한
것이다. 원정元情은 소송의 당사자 혹은 피의자가 처음에 임의로 행한
진술을 말한다. 원정초는 곧 그것의 초본이다. 요컨대 유명뢰의 신문
내용을 유명뢰 몰래 유정기가 대신 작성하여 바꿔치기하려 한 것이다.
유정기가 고친 것은 낭청郎廳이 발견해 물리치고 쓰지 않았지만, 원래
외인이 바꿀 수 없는 죄인의 공사를 외부에서 들여보낸 정상은 놀라
운 것이었다. 의금부는 유정기를 잡아다 신문할 것을 요청했다.[83] 의금
부의 보고가 있었던 그날(11월 9일), 유정기는 체포되어 구금되었다. 원

래 유정기는 신문 대상에서 제외되었지만, 이 일로 자신의 무덤을 파고 만 것이다. 유정기가 바꿔치기한 원정초의 내용은 알 수 없지만, 분명한 것은 유정기 스스로 유명뢰가 진술한 내용이 자신에게 불리할 것임을 알고 있었다는 것이다. 이것은 자신이 이제까지 신태영의 행위라고 친족들이나 임방에게 한 말이 모두 사실이 아니거나 사실과 상당한 괴리가 있음을 인정한다는 것을 의미하였다.

신태영의 항변

———

　이제까지 신태영에 대한 발언은 모두 그와 적대적인 남성의 것이었다. 조사 없이 이혼을 강제하자는 임방이나, 조사를 한 뒤 처분하자는 민진후·송상기나 모두 신태영에게 호의적일 수 없었다. 이 때문에 신태영과 유정기 사이에 일어난 일의 진위가 어떠한지, 또 신문 과정에서 신태영이 어떻게 반응했는지는 전혀 거론되지 않았다. 신태영의 진술을 통해 이 사건의 또 다른 면을 확인할 수 있는 자료는《숙종실록》30년(1704) 11월 14일(2)조가 거의 유일하다. 이 기사의 앞부분은 신태영의 공사供辭를 축약해서 요지만 싣고, 이어 신문 결과에 대한 판의금判義禁 홍수헌洪受瀗 등의 헌언獻讞(옥사나 형사 사건에 대하여 심의한 결과를 임금에게 아룀)과 영의정 신완申琓, 우의정 이유李濡, 판부사判府事 윤지선尹趾善의 의견이 덧붙어 있다. 신완 등의 의견은 홍수헌 등이 이혼 여부를 대신에게 수의해서 처리할 것을 요청했기 때문에 이 기사에 함께 실은 것이다.《승정원일기》숙종 30년 11월 15일조에는 신완 등 대신들의 의견이 더 자세하게 실려 있다.

　이제 신태영의 공초를 살펴보자. 그녀의 공초는 '수천언數千言'이었으나 전체는 전하지 않고, 극히 축약된 일부만 실려 있다. 그것 역시 남성적 시각을 거친 것이기는 하지만, 신태영의 육성을 들어볼 가능성이 있다는 점에서 매우 귀중한 것이다. 가능한 한 그의 육성을 있는 그대로 들어보기로 하자. 신태영의 말이다.

유정기의 처가 된 지 이제 27년인데, 무진년(1688) 전에 다섯 자녀를
연달아 낳았고, 부부가 실행한 일은 없습니다. 무진년 이후 유정기가 비
첩에게 고혹蠱惑되어 이 지경에 이르렀습니다. 씌워진 죄명은 모두 유정
기가 남의 참소를 믿고 없는 일을 날조한 것입니다.[84]

신태영은 상처한 유정기와 1678년에 결혼을 했고, 1688년까지 다섯
명의 자식을 낳는다. 부부가 서로 실행한 일은 없다. 부부의 관계는 원
만했던 것이다. 그러던 중 1688년, 곧 결혼한 지 10년 만에 유정기는
비첩에게 '고혹'된다. 이로부터 2년 뒤인 1690년 8월 유정기는 신태영
을 집에서 내쫓았다. 한데, 문제의 비첩은 누구인가. 그 비첩은 곧 '예
일'이란 계집종이다. 예일은 신태영의 야행을 직접 목격한 사람으로,
10월 19일 의금부에 불려왔다가 풀려난 적이 있지만, 그때의 기록에
서 예일은 별반 중요한 사람이 아니었다. 신태영의 진술에서 비로소
예일이 신태영과 유정기의 이혼에 직접적인 계기였음이 처음 밝혀진
것이다.
　아마도 유정기는 자기 집안의 계집종 예일을 첩으로 받아들였을 것
이다. 하지만 임방·민진후·송상기에 이르기까지 유정기와 비첩 예일
의 관계는 전혀 언급하지 않았다. 그들은 신태영이 '패악'한 원인을 오
로지 '사납고 악하고 이상한' 신태영의 성품에서 찾았을 뿐이고, 그 행
위가 일어난 구체적 원인에 대해서는 침묵했던 것이다. 신태영의 처벌
을 결정하는 권력을 쥔 사람들이 사건의 구체적 원인에 대해서 침묵한
다는 것은 신태영에게 절대적으로 불리한 것이었다.
　말할 기회를 얻은 신태영은 자신이 덮어쓴 죄명 역시 모두 유정기

가 '참소'를 듣고 날조한 것이라고 주장한다. 그 참소는 여러 사람에 의해 이루어졌겠지만, 이해관계가 있는 사람이 참소의 주체가 되었으리라는 것을 추측하기란 어렵지 않다. 신태영과 이해관계가 가장 밀접한 사람은 예일일 수밖에 없다. 예일의 입장에 서서 유정기와 신태영을 보자. 예일은 원래 신태영-유정기 집안의 사비私婢다. 곧 노비로서 육체노동을 맡고 있다가 주인 유정기의 눈에 들어 비첩이 되었다. 그녀의 입장에서는 자녀 다섯을 낳은 정처 신태영으로부터 자신을 보호하기 위해서는 정처와 남편의 사이를 떼놓는 것이 유리했을 터이고, 그것은 아마도 신태영을 비난하는 말로 드러났을 것이다. 이제 사건의 원인이 유정기-예일의 관계라는 것이 비로소 드러났으니, 사건은 전혀 달리 해석될 소지가 생겼다. 후술하겠지만, 집안 내부에서 계집종과 남성의 '혼외 관계'는 이 시기에 와서 특별히 문제가 될 소지가 있었다. 다만 의금부의 조사에서 예일은 신태영이 유언명의 집에서 유정기와 싸우고 나갔을 때 홀로 간 것이 아니라 자신이 따라갔다고 증언을 한 일 외에는 어떤 발언도 남지 않았다. 그녀의 말과 생각은 완전히 폐기되었다. 소수자 중의 소수자였던 예일의 입장은 어디서도 고려되지 않았던 것이다.

신태영은 또 전처의 아들인 유언명의 부부가 자신에게 불효하고 참소하고 날조한 정상을 극언하고, 종족宗族이 관청에 올린 소장은 모두 유정기가 강요하여 만든 것이라고 주장했다. 이 주장은 일면 타당성이 있었다. 대종大宗인 유정기가 강요한 것인지는 분명하지 않지만, 유정기의 주장과 설득을 유씨 일문이 신태영을 위해서 부정한다는 것은 있을 수 없는 일이기 때문이다. 신태영은 또 밤길을 간 것은 자신이 핍박을 받아 하는 수 없이 한 것이며(유정기가 자신을 내몰았다고 말하고 있는 것으로 보인다), 그 당시 몇 명의 계집종과 유언명의 동생 유언형이 따라갔으니, 홀로 간 것이 아니라고 주장했다.[85] 임방이 신태영이 밤에 홀로 도망한 것을 두고 실행의 근거가 될 수 있다고 주장한 데 대한 반박이었다. 또 앞서 언급했듯, 의금부가 종들을 조사한 결과 신태영의 말은 사실이었다.

가장 중요한 범죄가 될 사항인 '시부모에게 욕을 한 것과 제주를 더럽힌 일'에 대해서도 신태영은 극구 변명했다. 앞서 언급한 바와 같이 유명뢰는 '유정기 집에 왕래할 때 유정기에게 들었을 뿐이요, 목격한 일은 없다.'고 답했고, 문제의 원천이었던 비첩 예일 역시 '듣거나 본 일이 전혀 없다.'고 답했다.[86] 임방이 우려한 것처럼 신태영이 입을 열자 전혀 다른 이야기가 쏟아져 나왔던 것이다. 뒷날 시부모에 대한 불효와 제주에 오물을 섞은 일이 문젯거리로 재론되지 않는 것을 고려한다면, 신태영의 변명은 설득력이 있었던 것으로 보인다. 《숙종실록》에 인용된 신태영의 말은 여기서 그친다. 신태영의 말은 나름 조리가 있었고, 그녀의 유죄를 입증할 만한 단서는 전혀 발견되지 않았다.

관계자들에 대한 신문이 끝났으므로 의금부에서는 신문에 대한 의금부의 견해를 덧붙여 숙종에게 보고하였다. 판의금 홍수헌 등이 올린 헌언의 대강은 유정기는 '선처하지 못한 책임을 면하기 어렵고' 신태영은 남편을 질투, 원망하고, 아들 유언명에게 앙갚음을 하려 했으니, 성품과 행실이 아주 어긋났다는 것이다.[87] 또 의금부는 부인의 도리는 남편의 핍박을 받았다 해도 집을 벗어나는 것은 옳지 못한 일이니, 죄가 없다고는 할 수 없지만, 이혼을 결정할 만한 법조문이 없고, 대간의 계사에서 요청한 이혼에 관련된 일은 의금부에서 논의할 바가 아니며, 옥사獄事는 중대하여 단서를 밝히기 어려우니, 법을 벗어난 판단은 대신들의 의견을 모을 것을 요청하여 허락을 얻고, 그 결과를 보고하였다.

대신들의 의견을 모은 결과는 앞의 《숙종실록》 30년(1704) 11월 14일(2)조에 실려 있고, 또 그다음 날인 15일의 《승정원일기》에도 실려 있다. 《승정원일기》 쪽이 자세하므로 그 자료로 인용한다. 먼저 영의정 신완의 견해를 보자. 신완은 먼저 신태영이 밤길을 홀로 다녔다는 것에 대해 언급했다. 즉 신태영의 행위는 '밤에 다닐 때 촛불이 없으면 그만둔다'[88]는 《소학》의 여성의 행동 준칙으로 판단한다면 여자가 처신하는 도리를 잃은 것이지만, 여러 계집종이 수행했고 아들도 따라갔으니 실신으로 논하기 어려우므로 죄는 아니라고 판단했다. 그 밖의 죄상도 사증詞證이 분명하지 않으니 죄로 곧바로 단정하기 어렵다고 하였다. 신완은 유정기와 신태영 양자에 대해 비교적 공정한 입장을 취했다. 즉 그 정단이 과연 거짓말, 곧 유정기 쪽에서 날조한 말에서 나왔다면 그에 해당하는 죄가 있을 것이고, 반대로 신태영의 죄가 사실이라면 또한 그에 해당하는 처벌이 있을 것이라는 것이었다. 따라서 더 엄밀하게 조사해서 법률에 따라 판단하되, 용서할 만한 길이 있고, 인용할 만한 법이 없다면 정범情犯을 참작해서 죄를 덮고 율律을 정하자는 의견이었다. 이것은 현재로서는 신태영의 죄를 인정할 수 없다는 것으로서, 곧 이혼이 불가하다는 말이었다.

우의정 이유 역시 즉각 이혼을 허락해서는 안 된다고 주장했다. 즉 이 사건은 윤리 강상에 관계되는 대단히 중대한 변고이므로 더욱 철저하게 조사해야 한다는 것이다. 물론 그 역시 신태영을 옹호하는 것은 아니었다. 그는 당연히 신태영의 행위를 먼저 비난했다.

신태영의 공초에 나온 허다한 사설은 남편 유정기에 대해서는 비록 해를 끼치거나 핍박하는 단서가 있어도 감히 마음대로 직접 지적하지 못했는데, 그 아들 유언명은 전적으로 죄에 얽어 넣으려 하였으니, 그 계책이 지극히 깊습니다.

밤중에 집을 나갔을 때 집안사람들은 처음에 그가 어디로 갔는지 알지 못했다 하니, 사족의 부녀가 설혹 남편 집에서 몰려 쫓겨났다 할지라도 조금이나마 자신을 단속할 줄 알았다면 이 지경에는 이르지 않았을 것입니다. 그리고 유정기의 아들 유언형과 종들이 뒤따라가서 길에서 만났다는 말로 보건대 또한 쫓겨난 것이 아니니, 처신의 도리를 크게 잃은 것일 뿐만이 아니라 그 성품과 행실이 사리에 어긋남도 또한 대개 볼 수 있는 것입니다. 정말 의금부의 의계議啓에서 논한 바와 같은 것입니다.[89]

이유는 먼저 신태영이 말한 유언명의 불효가 신태영의 날조라고 말한다. 그 진위는 가리기 어렵지만, 신태영이 유언명의 어떤 행위들을 의도적으로 불효로 몰았을 가능성은 있다. 신태영은 남편 유정기에 대한 증오심으로 인해 자신이 낳지 않은 아들을 괴롭혔을 가능성이 충분히 있는 것이다. 다만 뒤에 언급하겠지만, 유언명은 신태영이 불효라고 언급한 사실만으로도 엄청난 충격을 입는다. 이유는 또 신태영이 밤중에 길을 나선 것은 사족의 부녀자로서 할 처신이 아니라고 주장한다. 이런 것들을 근거로 하여 이유는 신태영의 평소 성품과 행실이 사리에 어긋난 것을 충분히 짐작할 수 있다고 말한다.

하지만 이유가 이것을 근거로 하여 신태영의 처벌을 주장한 것은 아니었다. 그 역시 위의 행동을 죄로 판단할 수는 없다는 입장이었다. 죄를 결정하는 핵심 사안은 시부모에게 욕설을 퍼부은 것과 제주에 오물을 섞은 것에 있었다.[90] 그것이 사실이라면 신태영은 처벌을 피할 수 없었다. 이유는 앞서 의금부의 조사를 다시 점검한다. 먼저 신태영. 신태영은 자복할 리가 없었다.[91] 이유는 이어 이 사건에 가장 근접해 있는 예일의 공초를 떠올린다. 앞서 언급했듯 예일은 유정기의 비첩이었고, 또 예일이 비첩이 되었기 때문에 결과적으로 신태영이 쫓겨났다. 따라서 예일이야말로 이 사건의 진실에 가장 가까이 있는 사람이었다.

이 지점에서 다시 예일의 입장에 서보자. 예일이 신태영이 시부모에게 욕설을 퍼붓고 제주에 오물을 섞었다고 증언할 가능성이 있었을까? 그 증언은 신태영을 죽음으로 몰아넣을 것이다. 하지만 그 효과는 전혀 다른 양상이 아니었을까? 그 결과는 비첩이 정처 신태영을 제거하는 것으로 해석될 수 있었을 것이고, 한편으로 가부장제의 근거를 뒤흔드는 사건이 될 터였다. 추측하건대 예일은 이 결과를 짐작했을 것이고, 이로 인해 예일의 공초는 전적으로 자신의 참소와 이간질을 덮어 가리려는 것이 될 수밖에 없었을 것이다.[92] 신태영의 죄상을 모두 모른다고 할 것은 필연적이었다.[93]

유명뢰의 경우, 신태영의 행위를 직접 보지 못했고 단지 유정기에게 들었다고 하였으니, 그 말에 따로 밝힌 것은 없다.[94] 한편 유정기는 법리에 구애되어 문초하기 어렵다.[95] 아마도 아내의 죄를 입증하기 위해서 남편을 신문하는 것이 불가능하다는 말인 듯하다. 그렇다면 믿을 수도 믿지 않을 수도 없는 신태영의 공초를 그냥 그대로 두고 다시 조사를 하지 말아야 할 것인가?[96] 이상이 이유가 제기한 의문이었다.

　이유는 이 문제를 돌파하기 위해 유정기를 신문하고, 관아에 서류를 제출한 유정기의 친척을 다시 조사하자고 제안한다. 이유는 먼저 임방이 제시한 《대명률》의 '처첩구부' 조를 끌어온다. 그 조항은 "아내가 남편을 구타할 경우 이혼시키되, 모름지기 남편이 직접 고해야만 죄가 성립한다."는 것이었다. 즉 아내가 남편을 구타하는 경우 이혼을 하되, 남편이 스스로 고소하는 것을 기다린다는 뜻이다. 이 조문에서 이유는 다음과 같은 견해를 뽑아낸다.

　　이미 스스로 고소하는 길을 열어놓았으니, 그 고소한 일을 다시 문초하는 것은 명분과 의리로 헤아려보건대 아내가 남편을 증명하는 것에 비할 바가 아닌 것 같습니다.[97]

　말이 상당히 모호하지만 뜻은 간단하다. 즉 이 경우 남편이 이미 스스로 고소했으니, 그 내용의 진위에 대해 남편에게 물어볼 수 있다는 것이다.

　이유는 자신의 주장에 권위를 부여하기 위해 주자朱子의 말을 끌어왔다. 어떤 여성이 남편이 가난하다는 이유로 이혼하려고 하자, 관청에서 그 요청을 들어주었다. 사람들이 그것이 의리를 해친다고 하자 주자는 이렇게 말한다.

　　이런 일은 한쪽만 보아서는 안 될 것이니, 대의大義에 구애될 수 없다. 다만 아내가 남편과 이혼하기를 원하는 경우는 따로 곡절이 있을 것이

니, 그 이유를 캐보지 않을 수 없는 것이다.[98]

　이 이야기는 《주자어류朱子語類》 106권에 나오는 것이다. 이해를 돕기 위해 《주자어류》의 원문을 보자. 건양建陽의 부권현簿權縣에 어떤 부인이 있었다. 남편은 재산이 넉넉하지 않아 여자의 부모가 딸을 데리고 돌아가려고 하였다. 당연히 시비가 벌어졌고, 관청이 그 사건을 판단하게 되었다. 부권현에서는 이혼을 허락했다. 주자의 제자 조사하趙師夏가 "부부의 의리상 어찌 가난하다 하여 서로 버릴 수 있는 것이며, 관청에서는 또 어찌 그 요청을 들어줄 수 있단 말인가?"라면서 잘못된 판결이라고 비판하자, 주자는 "이런 일은 한쪽 사정만 보아서는 안 된다. 만약 남편이 무능하여 아내를 먹여 살릴 수 없어 아내가 스스로 살아갈 수가 없다면 어떻게 할 것인가? 또 이런 일은 대의에 구애되어서는 안 될 것이다. 다만 아내가 남편과 이혼하기 원하는 경우는 따로 곡절이 있을 것이니, 그 이유를 캐보지 않을 수 없는 것이다."라고 답했다.
　아내가 이혼을 원할 경우, 가부장제는 그것을 허락하지 않는다. 그것이 의리다. 하지만 주자는 의리와는 다른 생활 혹은 생존의 문제를 내세운다. 이혼을 원하는 아내의 말에 귀를 기울여보자는 주자의 견해는 훨씬 융통성이 있다. 이유는 당시 사람들이 쉽게 거부할 수 없는 주자의 말을 인용해서, 남편 유정기가 이혼을 요청했으니 유정기를 불러서 그 구체적인 이유를 다시 물어보자고 제안한 것이다. 이것은 곧 유정기를 신문하는 것을 의미했다. 앞서 임방은 한사코 유정기를 조사할 필요가 없고, 오직 유정기가 제출한 서류만을 믿어야 한다고 주장한 바 있었다. 이유는 임방의 주장을 무너뜨린 것이다.

이유는 또 유정기의 종족을 다시 조사하자고 제안했다.

　또 유씨 종족이 사리에 어긋난 신태영의 상태를 상세히 모르고, 오직
서로 다투고 있는 유정기의 불공평한 말만 옳게 여겨 말을 합해 없는 일
을 꾸며서 고소하여 죄 없는 부인을 사지로 몰아넣은 것이라면 보통의
인정을 벗어난 일입니다.
　유명뢰의 공초 역시 비록 달리 밝힌 것은 없지만, 원래 정단에 연명한
사람들 중 혹시 구체적으로 사실을 지적하거나 분명하게 따져 말할 사람
이 있을 수도 있으니, 의금부에서 다시 법의 뜻을 헤아려 곡절을 캐내어
정위情僞를 판단한 뒤 처분해야 할 것입니다.[99]

　요약하자면 이유의 주장은 이렇다. 유정기를 신문하고, 유정기의 친
족을 다시 조사하자는 것이다. 특히 유정기의 반목하는 말만을 근거로
죄 없는 부인을 사지에 몰아넣었을 가능성을 제기한 것은 주목할 만하
다. 앞서 이미 지적되었던 가부장제하에서 부부간의 불화가 정처의 축
출이라는, 도리어 가부장제를 와해시킬 가능성을 전제하고 있기 때문
이다. 이제 임방의 주장은 완전히 묵살되었다.
　판부사 윤지선은 의금부에서 마땅히 엄밀히 조사해 공정하게 판결
을 내려야 하는데도 그렇게 하지 않고 도로 대신들의 뜻을 모으기를 요
청한 것에 대단히 놀랐고, 자신이 마땅히 의견을 올려야 하겠지만 오랜
병에 정신이 흐릿하여 그럴 수가 없다고 답했다. 판부사 서문중徐文重
은 유언명이 자신과 성姓이 다른 육촌 누이동생의 아들인데, 법에는 회
피하는 조문이 없지만, 일가의 정의로 보아 그 옥사에 대해 시비를 논

할 수 없다고 답했다. 좌의정 이여는 병으로 인해 의견을 제출할 수 없었다.[100]

　의금부에서는 이상과 같은 대신들의 의견을 숙종에게 보고하였다. 명확한 의견을 제시한 사람은 신완과 이유였다. 두 사람은 더욱 치밀한 조사가 필요하다고 주장했고, 숙종은 그들의 말을 따라 더 엄밀하게 조사하여 옳고 그름을 알아내라고 지시했다. 하지만 같은 내용이 실린 《숙종실록》 30년(1704) 11월 14일 기사는 "그 뒤에 금부당상禁府堂上이 서로 잇따라 사직하거나 체직되었고, 신태영은 옥에 갇히어 해를 넘겼다. 하지만 끝내 이혼은 허락되지 않았다."라고 말하고 있다.[101] 사건은 오래 지속되었으나, 결국 이혼은 불가했던 것이다.

　이후 의금부에서 조사가 어떻게 진행되었는지는 자료가 남아 있지 않아서 상세히 알기란 불가능하다. 다만 앞서 유정기가 원정초를 바꿔치기하려던 사건의 조사가 진행되었다. 숙종 30년(1704) 12월 15일 의금부에서는 유정기의 심부름을 한 유정기의 친척을 붙잡은 의막依幕(임시 막사)은 고高씨 성의 의금부 나장의 집으로, 유명뢰의 자제와 친척들이 유정기가 만든 원정초를 가지고 그곳에 왕래했을 것이니, 유명뢰의 아들 유광기兪廣基를 즉시 잡아다 가두고 물어본 뒤 처리하는 것이 어떻겠느냐고 숙종에게 청하여 허락을 얻었다.[102] 사건은 점점 유정기에게 불리하게 전개되고 있었다.

해를 넘겨 신태영이 반박하다

───────

　조사는 해를 넘겼고, 신태영은 여전히 감옥에 있었다. 숙종 31년 (1705) 3월 5일에 이조 판서 서종태徐宗泰가 상소한다. 자신은 판의금부 사를 겸임하고 있으나 의금부에서 맡고 있는 중대한 옥사, 곧 신태영 의 옥사에 깊은 혐애嫌礙가 있어서 감히 관여할 수 없으니 판의금부사 의 직책을 면해달라는 것이다. 이 자료는 혐애가 무엇인지 밝히고 있 지 않지만, 다른 자료를 보면 서종태는 유정기의 이성지친異姓之親이었 다.[103] 앞서 유언명이 자신과 성이 다른 육촌 누이의 아들이라고 한 서 문중이 서종태의 숙부였으니, 서종태 역시 유정기와 혈연관계로 얽혀 있었던 것이다. 숙종이 말려 사직은 하지 않았지만,[104] 판의금부사가 혐애가 있음을 이유로 사직을 청할 지경이었으니, 사건의 해결이 쉽지 않았음은 충분히 짐작할 수 있을 것이다.

　숙종 30년 10월 10일에 옥에 갇힌 신태영은 줄곧 옥살이를 하였다. 신태영은 겨울을 나면서 건강이 악화되었다. 조선 시대의 감옥이란 허 술하기 짝이 없는 것이었으니, 난방 시설이 따로 없는 감옥에서 겨울 을 난다는 것은 끔찍한 일이었다. 의금부의 월령의月令醫(전의감·혜민서 에 딸린 당번 의원)가 신태영이 옥에서 겨울을 난 뒤 평소 앓고 있던 가슴 통증이 몇 달 동안 계속되고, 다른 증세도 위중하다고 진찰 결과를 보 고했지만, 의금부에서는 워낙 '무거운 죄수'라는 이유로 가볍게 보방 保放하여 치료하게 할 수가 없었다. 유언명의 집에 머물 때도 이미 병을 앓고 있었으니, 감옥에서 겨울을 지내며 신태영의 병이 악화되었던 것은 두말할 필요도 없을 것이다. 월령의 정만년鄭萬年이 다시 진찰하여 보고한 바에 따르면, 신태영의 병증은 며칠 동안 조금도 나아진 것이 없다고 했다. 의금부는 병세가 계속될 경우 보방하여 치료하게 할 규정이 있는지 물었던 바, 숙종은 보방을 허락하였다.[105] 신태영은 풀려나서 치료를 받은 뒤 윤4월 14일 병세가 호전되자 다시 수금되었다.[106] 다만 신태영이 어느 곳에서 머물며 몸을 치료했는지는 알 길이 없다.

의금부에 다시 갇힌 신태영에 대한 신문이 계속되었다. 하지만 새로운 정보는 없었다. 신태영은 아무리 신문해도 모든 혐의를 부인할 뿐이었다. 사실과 거짓을 분간하려 했지만 별 소득이 없었다. 의금부는 앞서 이유의 의견을 떠올렸다. '남편이 고소한 일을 다시 남편에게 물어보는 것은 명분과 의리로 헤아려보건대 아내가 남편을 증명하는 것에 비할 바가 아닌 것 같다'는 바로 그 말이었다. 곧 마지막 남은 방법은 남편 유정기를 잡아다 가두고 그가 고한 바를 다시 신문하는 것뿐이었다. 의금부는 유정기를 신문하자는 의견을 냈고, 숙종은 찬성했다.[107]

유정기는 의금부에 갇혀 신문을 받았다. 당연히 유정기는 신태영의 말을 조목조목 반박했다. 유정기의 말은 신태영의 말과 모두 반대였다. 유정기는 이 신문에서 신태영에게 결정적으로 불리한 발언을 내뱉었다. 곧 신태영의 가장 중대한 혐의인 제주에 오물을 섞었다는 부분에 대해서 유정기는 유후기兪厚基도 그 현장에서 직접 보았다고 주장했다. 만약 유후기가 유정기의 말이 사실이라고 증언하면 신태영은 치명상을 입게 될 것이었다. 당연히 의금부는 숙종에게 유후기를 잡아올

것을 청했고[108] 바로 그날(6월 12일) 유후기가 의금부에 잡혀왔다.[109]

유후기가 신문에서 어떻게 답했는지는 알 길이 없다. 《승정원일기》 1705년 6월 15일조는 의금부의 보고를 옮기고 있는데, '유후기의 원정 元情에서 운운하였다.'는 식으로 실제 원정의 내용은 생략하고 있기 때문이다. 분명한 것은 유후기가 제주에 오물을 섞은 문제에 대해 증언을 하기는 했지만, 그 일을 확실하게 입증하지는 못했다는 것이다. 만약 유후기의 증언이 믿을 만한 것이었다면 유정기가 원하는 대로 이혼이 이루어지고 신태영이 처벌을 받았을 것이기 때문이다. 의금부는 유후기가 공초한 각항의 사연과 그가 증언한 내용, 즉 오물을 제주에 섞은 일을 신태영에게 신문하는 동안 유후기를 그대로 가두어둘 것을 숙종에게 요청해서 허락을 받아내었다.[110] 하지만 유후기를 다시 어떻게 신문했는지, 그 신문의 결과가 어떠한지는 전혀 기록이 남아 있지 않다. 이것은 유후기로부터 별다른 의미 있는 정보를 얻어내지 못했다는 것을 의미한다.

신태영은 건강이 극히 나빠졌고, 또 적대적인 남성들에게 포위되어 있었으나 일방적으로 재판에 굴복한 것은 아니었다. 그녀는 나름대로 재판을 자신의 의도에 따라 통제하고 있었다. 9월 11일 호조 판서 조태채趙泰采의 상소를 보자. 조태채는 숙종에게 자신은 신태영의 옥사에 참여하거나 간섭할 수 없으니 자신이 겸임하고 있는 지의금부사 직임을 갈아달라고 요청했다. 숙종은 "죄인의 초사招辭가 지극히 방자하니 무엇을 혐의로 여기겠는가? 사직하지 말라."고 달랜다.[111] 무엇이 문제였던가? 《승정원일기》에는 그 이유가 나오지 않지만, 그다음 날인 9월 12일조의 《숙종실록》에는 정확한 이유가 나온다. 11일에 담당관들이 정식으로 모여 신태영을 문초하던 중 신태영이 조태채와 유명뢰는 혼인을 통해 인척 관계가 된 사이로 "이번의 옥사는 심히 염려스럽다."는 말까지 내뱉었기 때문이다.[112] 조태채의 집안과 유정기의 집안이 결혼으로 얽혀 있는 사이라는 것, 곧 조태채가 유정기 가문의 처지를 옹호하는 입장에서 사건을 다룰 가능성이 있음을 미리 지적한 것이다. 재판부 기피 신청을 한 셈이다.

조태채는 사직 상소에서 신태영의 성격을 엿볼 수 있는 중요한 발언을 남긴다. 즉 신태영은 "언서諺書로 공초를 바쳤는데, 남편인 유정기에 대해 망측한 말을 많이 하였"[113]던 것이다. '망측한 말'이란 유정기의 성적 취향의 이상성異常性이었을 가능성이 높다.

의금부와 유정기를 난처하게 만드는 이런 발언은 신태영이 의도적으로 쏟아낸 것으로 보인다. 이날의 《숙종실록》 기사에 사건 전체를 판단하는 사관의 평이 실려 있다. 이 평을 보면 신태영은 대단히 영리한 사람으로 보인다. 또 매우 전략적으로 행동하고 있었음을 짐작할 수 있다.

(1) 살펴보건대 태영이 당초 소상히 공초한 것이 수천 마디인데, 한문으로 번역해 읽어보면 모두 조리가 있어, 마치 문사가 구성해준 것 같았다. 여인이 대답한 바가 결코 이럴 수는 없다. 아마도 몰래 주장하여 지휘한 자가 있는 듯했지만, 사람들은 헤아릴 수가 없었다.
(2) 그 큰 줄거리는, 전실 자식인 유언명의 불효한 죄를 말하되 지극히 잘 형용한 것인데, 거개 이치에 닿지 않고 교묘하게 말을 만든 것이다.

(3) 다시 공초하자 아무런 돌아보는 일 없이 남편을 무함하였고, 심지
어 평소 남편과 잠자리[衽席]에서 있었던 일까지 끌어대어 남편이
행검行檢이 없음을 입증하므로, 보는 사람들이 해괴하게 여겼다.[114]

첫째, 신태영은 수천 마디의 공초를 바쳤던 바, 그것을 한문으로 번
역해 읽으면 조리가 있다는 것이다.《실록》의 사관은 여성의 답이 이
렇게 조리가 있을 수 없고, 한문을 아는 어떤 남성이 배후에 있었을 것
이라 추측하지만, 그것이야말로 '여성은 남성보다 열등하다'는 남성
중심주의에 의해 만들어진 편견에서 나온 견해일 것이다. 실제 자신에
게 불리할 수 있는 호조 판서 조태채를 갈아달라고 하는 것을 보면 그
녀는 매우 영리한 사람이었던 것이다.

둘째, 신태영이 올린 공초가 유언명의 불효에 집중되어 있었던 것은
나름 각별한 의미를 갖는다. 신태영은 제주에 오물을 섞고 시부모에게
욕설을 한 혐의로 수금되었던 바, 그녀가 일단 여기에 대해 방어적인
해명을 펼쳤던 것은 부동의 사실이다. 하지만 그녀 역시 유정기를 향
해 공격을 퍼부었던 바, 그것은 아들 유언명의 불효에 대해 적극적으
로 말하는 것이었다.《숙종실록》기사는 신태영이 유언명의 불효를 '지
극히 잘 형용'한 것으로, 이것을 사리에 가깝지 않고 교묘하게 말을 만
들어낸 것으로 보고 있지만, 사실 관계를 판단하기는 어렵다. 왜냐하
면 유언명의 입장에서도 아버지와 불화를 일으키고 가문에서 쫓겨난
계모에 대해 살가운 정을 느낄 리가 없었을 것이니, 신태영이 그의 행
동에서 불효의 기미를 읽어내었다 해도 그것을 굳이 오류라고 말할 수
는 없을 것이다.《숙종실록》의 사관은 신태영이 유언명의 불효에 대해

말했다고 표현하고 있지만, 이이명李頤命은 신태영이 유언명 부부가 자신을 잘 섬기지 못한 정상을 언급했다고 표현하고 있다.[115] 불효 여부는 판단하기 어렵지만, 신태영이 유언명을 끌어들인 것은 싸움을 자신에게 유리하게 만들고자 하는 전략적 판단으로 보인다는 것이다.

마지막으로 신태영은 조금도 고려하는 바 없이 유정기를 무함했다고 하는데, 무함의 내용은 밝혀져 있지 않다. 무함은 거짓을 꾸며내 함정에 빠뜨리는 것이지만, 그것은 거짓이라기보다는 유정기를 난처하게 하는 사건들이었을 것이다. 또한 신태영은 유정기와 잠자리에서 있었던 일에 대해서도 언급하였다. 제 지아비가 행검, 곧 품행이 없음을 증명했다고 하니, 이것은 드러내놓고 말하지 못할 유정기의 독특한 성적 취향을 말하는 것으로 짐작된다. 신태영은 왜 남편과의 잠자리까지 언급했을까? 증오였을까? 아마도 그것은 유정기에게 망신을 줌으로써 기를 꺾고 자신에게 불리한 말을 하지 못하게 만드는 전략으로 보인다.

의금부에서는 계속해서 신태영을 신문했다. 신태영의 말은 유정기의 초사와는 아주 어긋나는 것이었다. 의금부는 임술년(1682)부터 무진년(1688)년까지 연달아 자녀를 낳은 일과 신태영의 본가를 빌려서 들어갔다는 사실을 다시 유정기에게 묻는 것과 유정기가 말한 바, 제주에 오물을 섞은 것을 유후기도 보았다는 말 역시 근거할 것이 없으니, 이 역시 유후기에게 다시 묻자고 청하여 숙종의 허락을 받았다.[116] 앞서 신태영은 유정기와 1678년에 결혼을 했고, 1688년까지 다섯 명의 자식을 낳았다 했는데, 정확하게는 1682년부터 1688년까지였던 것이다. 그리고 '신태영의 본가(친정)를 빌려서 들어갔다[借入泰英本家]'는 사실은 여기서 처음 밝혀지는 것인데, 그것이 유정기가 신태영의 친정으로 들어가서 살았다는 것인지는 알 길이 없다. 또 유후기가 공초한, 제주에 오물을 섞었다는 말 역시 근거가 없다는 말로 보아, 유후기의 증언도 신태영의 죄를 입증할 수 없었던 것으로 보인다.

신태영에 대한 의금부의 조사는 아마도 11월 하순에 있었던 것으로 보인다. 왜냐하면 의금부의 최종 보고가 11월 25일 제출되었기 때문이다. 이제 결론을 내려야만 했다. 의금부는 유정기가 신태영에 대해 이미 부부의 연을 끊기는 했지만, 이혼 여부에 대한 결정은 의금부의 소관이 아니라는 것, 그리고 달리 적용할 법 조항도 없다는 이유로 대신들에게 다시 의견을 물어 처리하자고 제안한다. 그리고 유정기는 가장이 되어 집안을 다스리지 못한 죄를 면할 수 없으니 이 죄목으로 처벌하고 유후기와 예일 등은 다시 신문할 것이 없으니 모두 풀어줄 것을 청하여 허락을 받았다.[117] 의금부는 같은 날 대신들의 의견을 모은 결과를 보고한다.

대신들 중 의견을 낸 사람은 신완 한 사람뿐이었다. 판부사 서문중은 전처럼 친척이 된다는 이유로, 우의정 이유는 성 밖에서 대죄待罪중이라는 이유로, 판부사 최석정崔錫鼎은 병으로, 영부사 윤지완과 판부사 이여는 모두 외방에 있다는 이유로 의견을 들을 수 없었다. 신완의 의견은 다음과 같았다.

신태영이 밤길을 다닌 것은 이미 실행한 것으로 논할 수 없습니다. 유후기가 입증한 것 역시 공증公證이라고 할 수 없습니다. 신태영의 성품과 행실이 사리에 어긋난 것이 이와 같으니, 그와 관계를 끊느냐 끊지 않느냐 하는 것은 오직 유가儒家에 달린 것이지만, 이혼은 이미 국법이 아니고, 주언奏讞한 바 역시 타당한 율律이 아니니, 현재 전후의 초사招辭에서 드러난 것을 가지고 죄를 삼아 처벌을 결정하는 것이 마땅하겠습니다.[118]

신태영이 밤길을 간 것은 실행이 아님이 확정되었다. 유정기가 말한, 신태영이 제주에 오물을 섞는 것을 유후기가 보았다는 것도 증거로 채택할 수 없다. 신태영의 축출 여부는 유씨 가문의 선택에 달린 것이다. 신태영에 대한 처벌은 오직 평소 불량한 성품과 행실에 대한 것일 뿐이다. 의금부는 신완의 의견을 전달하면서 "대신의 의견이 이와 같으니, 성상께서 재단하소서."라고 숙종이 판단할 것을 요청하였으나, 숙종은 '의논한 대로 시행하라[啓依議施行]'는 답을 내렸다. 그것은 곧 신완의 의견대로 이제까지 받은 초사에서 드러난 죄를 가지고 신태영을 처벌하라는 것이었다.

한 달 뒤인 12월 25일 의금부에서는 유정기를 보석하여 병을 치료하게 하자고 요청했고, 숙종은 허락했다. 월령의 김태흥金兌興의 보고에 의하면, 유정기는 원래 병을 앓고 있었다. 그런 사람이 일곱 달 동안 옥에 갇혀 있으면서 얼굴과 손발이 붓고 산기疝氣(고환이나 음낭이 붓고 아프며 아랫배가 아프거나 대소변을 보기 어려운 병)가 위로 치밀어올라 수시로 꽉 막히면 인사불성이 되어 밤새도록 고통에 시달리고 음식을 전폐하는 등 아주 위중한 상태에 있었던 것이다.[119]

해를 넘겨 1706년이 되었다. 조사가 끝났지만 소득은 없었다. 남은 것은 처벌의 수위를 결정하는 것이었다. 숙종 32년(1706) 2월 27일 예조 판서 이이명이 입시하여 신태영 사건을 요약하고 처벌의 수위를 높일 것을 요청했다. 그의 논리를 따라가 보자. 이이명은 먼저 신태영 사건을 조정에서 특별히 명령하여 조사하게 했지만, 결과적으로 핵심을 알아낼 수 없었다고 지적한다. 즉 숙종 30년 10월 10일부터 그 이듬해 11월 하순까지 의금부에서 신문했는데도 확실하게 새로 알아낸 것은 아무것도 없었던 것이다. 따라서 대신의 의견, 곧 신완의 의견을 따라 신태영의 초사에 뚜렷하게 드러난 죄로 처벌하자는 것이다. 하지만 이이명은 이것도 쉽지 않다고 지적한다. 그는 무엇보다 조선에는 이혼에 관한 법이 없고, 역적 집안과 실신한 여성이 아니면 이혼을 허락하지 않는다고 지적한다.

이이명의 논리는 다음과 같다. 만약 남편의 고소를 그대로 따라서 이혼을 하도록 허락한다면, 이혼을 당한 부녀자들은 갈 곳이 없을 것이다. 이이명의 지적은 극히 타당하다. 전근대 사회에서 여성이 가정을 벗어나 존재할 사회적 공간 자체가 없었던 것이다. 남편의 말을 듣고 이혼을 허락하는 것은, 부녀자들이 원한을 품는 계기를 제공할 것이다. 이이명은 덧붙인다. "또 부부간의 반목은 애증愛憎 때문에 생기는 경우가 많으니, 그 가운데 또한 어찌 이와 같지 않은 남편이 없을 수 있겠습니까?"[120] 즉 애초 애정 없이 결혼하거나, 혹은 부부 사이의 애정이 식거나, 혹은 관계해도 법적·도덕적 하자가 없는 다른 여성과 애정이 생길 경우, 남편은 정처와의 관계에서 필연적으로 갈등을 일으키게 된다. 만약 이혼을 쉽게 허락한다면 자신의 애정 문제에서 생긴 갈등을 해결하기 위해 이혼을 악용하는 남성도 있을 수 있다. 이이명의 발언은 남성의 권력이 여성의 우위에서 작동하는 가부장제 사회에서 쉬운 이혼이 가져올 폐단을 지적하고 있다. 이혼당한 여성은 한편으로는 친정 가문의 명예에 치명상을 줄 것이다. 그 가문은 한편으로는 또 다른 여성을 아내로 며느리로 받아들인 가문일 것이다. 그것은 결국 전체적으로 유교적 가부장제의 안정성을 해치게 될 것이다. 이것이 이이명이 이혼을 쉽게 허락할 수 없다고 주장하는 이유다.

그렇다면 어떻게 할 것인가? 일단 크게 드러난 죄명은 없다. 따라서 단 하나 남편에게 욕설을 한 죄로 신태영을 처벌해야 할 것이다. 하지만 여기에 대한 율은 너무 가볍다. 그리고 원래 조율을 담당한 신하 역시 정해진 율을 벗어나 다른 처벌을 의논하지도 않았다.[121] 이이명은 이런 이유로 해서 숙종에게 특별히 처벌을 높일 것을 청한다.[122] 숙종이 신태영을 처벌하는 원래 율을 묻자 이이명은 '장 80'이라고 답했다. 이것은 아마도 《대명률》의 '처첩매부기친존장妻妾罵夫期親尊長' 조에 의한 것이었을 터이다.[123] 그런데 숙종은 율이 너무 가벼워 시행할 수가 없다고 답했다. 하지만 율문을 어떻게 조정할지에 대해서는 이날 결정이 없었다.

이날 이이명은 이 사건의 중요한 배후인 예일의 처벌 문제를 꺼냈다. "예일은 곧 유정기의 비첩입니다. 당초 예일은 그 집안을 어지럽혔으니 또한 통탄스럽게 여길 만한 일이 많았습니다. 유정기와 신태영이 죄를 입는데, 예일이 어떻게 홀로 죄가 없겠습니까? 종중과죄從重科罪하는 것이 어떻겠습니까?"[124] 이이명의 지적은 적실한 것이었다. 유정기와 신태영의 사이가 벌어지고 이혼 소송에 이르게 된 원인은 예일의 존재에 있었다. 앞서 지적한 바와 같이, 예일은 정처의 자리에 오를 수는 없었지만, 정처인 신태영에게 쏟아지는 유정기의 애정을 자신이 차지하기 위해 유정기와 신태영의 사이를 갈라놓을 말을 한 것은 분명하였다. 그것이 예일의 범죄는 아니라 할지라도, 예일에게 책임이 전혀 없다고는 할 수 없었다. 숙종이 이이명에게 아뢴 대로 하라고 한 것은 공감하는 바가 있었기 때문이다. 다만 종중과죄는 여러 죄가 동시에 있을 때 가장 무거운 죄를 따라 처벌하는 방식이다. 하지만 예일에게 어떤 죄가 복합적으로 있었으며, 또 그중 무거운 것이 어떤 것이었는지는 알 수 없다. 다만 숙종 39년(1713) 4월 27일 유정기와 신태영의 이혼 여부에 대해 대신들의 의견을 모을 때 김진규金鎭圭가 "예일은 전에 비록 가까운 곳에 대략 유배했지만, 그 죄를 징계하기에는 충분치 않다."[125]라고 말하고 있는 것을 보면, 예일 역시 서울에서 가까운 곳에 귀양을 간 것은 확실하다. 그곳이 어디인지는 알 수 없다.

2월 27일 이이명의 계사 이후 50일 뒤인 4월 17일, 최종적으로 어떤 법 조항을 적용할지 결정하게 되었다. 유정기에게는 '집안을 다스리지 못한 죄'가 적용되었다. 하지만 그 죄에 해당되는 법조문이 없어서 《대명률》〈형률〉의 '불응위不應爲' 조가 적용되었다. 그 조는 무릇 해서는 안 될 일을 한 자는 태笞 40대에 처하는 것인데, 만약 사리事理가 무거운 경우는 장 80에 처하도록 정해져 있었다.[126] 신태영은 장 80대가 너무 가벼워 시행할 수 없다는 숙종의 판단으로 인해 원래 임방이 들었던 '처첩구부' 조의 장 100대에 처한다는 처벌을 적용하려 하였다. 하지만 신태영이 남편을 구타한 일 자체가 없었으므로 적용할 수 없었고, 남편에게 욕설을 했을 경우는 태 40대에 불과하였다. 그것은 너무나 가벼운 처벌이었다. 하지만 이외에는 달리 들어맞는 조문도 없었다. 의금부는 이 조문을 벗어나 달리 처벌하는 것을 가볍게 논할 수 없다며 숙종의 판단을 바랐던 바, 숙종은 신태영에게 태 40대와 장 80대를 치

고, 먼 곳으로 유배하라고 명하였다.[127] 그날 신태영은 전라도 부안현扶
安縣에 정배하는 것으로 결론이 났다.[128] 사족의 아내가 신체형을 당한
다는 것은 엄청난 수치이자 고통이었다. 하지만 유정기는 장 80대를
맞지 않았다. 4월 19일 의금부는 집안을 다스리지 못한 유정기의 죄에
해당하는 장 80대는 속바치게 하고, 사사로운 죄인 만큼 고신告身 3등
을 빼앗는 처벌은 유정기의 공을 헤아려 1등만 감하게 하였다.[129] 역시
법은 남성에게 유리한 것이었다.

2장

유정기의 요청에 의한 이혼 재심

1706~1713

유정기의 이혼 재심 요청

부안현에 유배된 신태영은 어떻게 되었던가. 또 유정기는 어떻게 되었던가. 숙종 32년 9월 10일 의금부 당상 등이 소결문서疏決文書를 바치고 죄인의 석방 여부를 결정할 때 신태영 역시 문서에 이름이 올랐으나 숙종은 그대로 두라고 명한다.[1] 숙종은 그 전날인 9월 9일에 유정기의 직첩을 돌려주라 명하였고,[2] 12월 1일에는 서용敍用하라는 명을 내렸다.[3] 신태영은 숙종 34년(1708) 5월 21일에도 석방 건의가 있었으나 석방되지 않았고,[4] 숙종 36년(1710) 6월 7일에야 석방의 명이 떨어졌다.[5] 숙종 32년 4월 17일에 유배의 명이 떨어졌으니, 만 4년을 넘겨 석방된 것이다. 석방된 신태영이 어디서 어떻게 살았는지 알려진 바 없다. 하지만 확실한 것은 신태영이 여전히 유정기의 법적인 아내였다는 사실이다.

신태영이 석방되고 3년 뒤인 숙종 39년 1월 25일《승정원일기》에 이 사건이 다시 언급되고 있다.[6] 지평 김유경金有慶이 신태영-유정기의 이혼 문제로 상소를 올렸던 것이다. 김유경의 상소에 의하면, '지난가을' 유정기가 상언上言하였고, 그 상언에 대해 회계回啓하기 전에 사망하였다.[7] 이것으로 보아 1712년 가을 유정기는 숙종의 능행 때 어가 앞에서 상언하여 다시 이혼을 요청했던 것이다.

1706년 4월 유정기와 신태영에 대한 판결이 있었으니, 유정기가 다시 이혼을 제기한 것은 그로부터 6년 뒤다. 신태영은 4년 이상 귀양살이를 하였고, 실제 이혼은 성립하지 않았지만 버림받은 것은 마찬가지였고, 악처로 소문이 났기에 처벌을 받을 만큼 받았다고 할 수 있다. 그런데 왜 유정기는 다시 이혼을 요청했던 것인가. 아마도 신태영의 입으로 공개된 성생활 등의 추문으로 인한 모멸감, 신태영을 제압하지 못한 데서 기인한 무력감과 분노, 자신을 둘러싼 추루한 풍문 등을 생각할 때 갖게 되는 수치감 등을 이혼을 확정지음으로써 풀려고 했던 것이 아닐까? 뒤에 상론하겠지만, 그것만이 이유는 아니었을 것이다.

재심의 시작, 성비희 사건

―――

유정기는 숙종에게 다시 이혼을 신청하고 기다리던 중 죽고 말았다. 유정기가 사망한 것은 이혼을 할 당사자가 죽었다는 것이다. 당연히 이혼은 재론되지 않아야 마땅할 것이다. 하지만 김유경은 "이 일은 윤리와 강상에 관계된 것이므로 사람이 죽었다 하여 묻어둘 수가 없다."[8]며, 다시 대신과 유신에게 광범하게 의견을 물어 결정할 것을 요청했다. 그는 현종 9년(1668)에 있었던 성비희成非喜의 옥사를 여러 대신에게 물어서 처리한 전례를 들며, 그에 비해 신태영 사건은 원임 대신 한 사람의 의견을 따라 대충 처분한 것 같다는 것이다. 숙종은 의금부에서 대신들에게 의견을 물어 모아올 것을 지시했다.

대신들의 의견을 모은 결과를 검토하기에 앞서 성비희의 옥사에 대해 간단히 살펴보도록 하자. 왜냐하면 성비희의 옥사는 뒤에 여러 번 인용되기 때문이다. 현종 9년 9월 16일 사헌부 집의 권격權格 등은 유학 유탁무柳卓茂의 며느리 성비희를 구금할 것을 요청한다. 권격이 밝히는 이유는 이렇다. 유탁무 부부가 하루 사이에 병도 없이 죽었는데, 그 집안에서는 엿새가 지나서야 겨우 같이 발인하면서 친척에게도 알리지 않았다. 소문인즉 유탁무의 아내가 며느리 성비희와 치고받으며 싸우다가 다쳐서 사망하게 되었고, 유탁무는 난데없는 변을 당하자 목을 매어 죽었다고도 하고 독주를 마시고 죽었다고도 하였다. 시어머니가 며느리와 치고받으며 싸우다 다쳐서 죽고, 시아버지가 이로 인해 자살했다는 것은 윤리 강상에 관계되는 엄청난 사건이었다. 그 진위를 가리기 위해 사헌부에서는 며느리 성비희를 구금해 조사한 뒤 처벌할 것을 요구했던 것이다. 9월 17일 성비희는 사족이라는 이유로 의금부로 옮겼다.

의금부의 신문에도 성비희는 승복하지 않았고, 의금부에서는 형벌을 청해야 마땅하지만 강상에 관계되는 바라고 하여 남편의 일가붙이, 곧 유탁무의 일가붙이를 해조該曹, 곧 형조에서 추핵推覈한 뒤 처리할 것을 요청해 현종의 허락을 받았다.[9]

9월 22일 의정부·사헌부·의금부, 곧 삼성三省이 합동으로 성비희 등을 추국하였다. 워낙 중대한 범죄였기 때문이다. 원래 형조에서 강상에 관계되는 죄라는 이유로 유진柳袗과 유회柳檜를 의금부로 이송할 것을 청했지만, 의금부에서 전례대로 삼성추국할 것을 청했던 것이다.[10] 유진은 성비희의 남편이었고, 유회는 어떤 관계인지 알 수가 없다.

이틀 뒤인 9월 24일 추국청推鞫廳에서는 다시 현종에게 성비희에 대한 형추刑推 여부를 묻는다. 직접 인용해보자.

죄인 성비희는 원정元情을 봉초捧招한 뒤에 즉시 형추를 청하는 것이 마땅합니다. 하지만 죄명이 너무나도 무거운 데 반해 실제 흔적은 드러나지 않았습니다. 삼성 죄인의 경우 형추를 한 뒤 다시 의논하는 것을 용납하지 않기 때문에 신중하게 하지 않을 수가 없습니다. 문자로 진달하는 것은 면대하여 여쭙는 것만 못하니, 내일 등대登對를 허락하신다면 신들이 각각 소견을 아뢰겠습니다.[11]

신문의 결과, 소문에 들어맞는 사실을 전혀 알아내지 못했던 것이다. 따라서 이제까지 조사한 결과를 일단 왕에게 올리고, 다시 형추, 곧 고문을 하여 실정을 알아낼 것을 청해야 하는 참이었다. 하지만 삼성 죄인의 경우 일단 형추한 뒤에는 아무에게도 의견을 제시할 기회가 주어지지 않으므로 형추에 대한 신중한 판단이 필요했다. 그러므로 문서를 올려 왕의 판단을 구하는 것보다는 직접 왕을 면대해 소견을 아뢰겠다는 것이다. 현종은 허락했다.

9월 25일 현종은 희정당으로 대신, 비변사와 의금부, 삼사의 관료를 불렀다. 먼저 대신의 의견을 들었다. 영의정 정태화는 삼성추국 자체를 반대했다. 정태화는 성비희가 '성질이 불순한, 옛날의 이른바 부모에게 불순한 자의 부류'일 뿐이라고 전제한 뒤, 성비희가 앞의 소문에 대해 '유회 부부 및 유회의 양모가 그 말을 지어냈다'고 변명했고, 유회 등도 성비희가 시부모에게 욕을 한 정상을 분명하게 말하지 않았음을 지적하면서, 아랫사람이 윗사람을 살해하는 시역弑逆이 아니고 시부모에게 욕을 한 일이 없었다면 삼성추국을 해서는 안 된다고 주장했다. 그는 입시해 있는, 성비희 사건을 최초로 꺼낸 대간과 의금부 당상에게 하문할 것을 청했다.

처음 의논을 꺼낸 집의 권격 역시 놀랍고 참혹한 소문을 듣고 논계한 것이지만, 조사 결과 단순히 '불순'으로 귀착되었으므로 죽을죄에 해당하는 것은 아니고, 따라서 삼성추국을 할 필요도 없으며, 대신에게 물어서 처리하는 것이 옳다고 말했다. 판의금부사 홍중보洪重普·지의금부사 오정일吳挺一·동의금부사 남용익南龍翼, 그리고 헌납 송창宋昌 등도 모두 죄가 삼성추국을 할 성질의 것이 아니라고 말했다. 이어 조율照律이 있었다. 정태화는 '죄가 강상을 범하여 정리情理가 매우 깊고 중요하다.'는 율로 조율하여 유배 삼천리에 처할 것을 건의했다. 호조판서 민정중 역시 성비희를 시어머니를 죽인 율로 벌하는 것은 정당한 법의 적용이 아니라고 주장했다. 현종은 민정중의 말을 참고하여 정태화의 의견을 따랐다.

이틀 뒤인 9월 27일 의금부에서 정태화의 의견을 그대로 따라《대전후속록大典後續錄》의 해당 조문을 제시하고, 그것 역시 무리가 있는 법적용이라는 견해를 덧붙였다.

> 죄인 성비희는 범한 바가 시역이 아니고 시부모에게 욕설을 한 일도 없습니다. 단지 불순했다는 죄로 처단한다면,《대전후속록》의 "죄가 강상을 범하여 정리情理가 매우 깊고 무거운 경우는 전가사변全家徙邊하여 정배한다."는 율을 적용해야 마땅할 것 같습니다. 하지만 죄명이 아주 무거우니, 여러 대신에게 의견을 물어 처리하게 하소서.[12]

전가사변은 죄인의 모든 가족을 평안도나 함경도의 변경으로 옮겨 살게 하는 매우 가혹한 처벌이다.

10월 3일 드디어 성비희에 대한 처벌이 이루어졌다. 성비희는 사형을 면제하고 평안도 강계에 정배定配하고, 유진은 집안을 다스리지 못한 죄로 '가까운 곳'에 도배徒配하였다. 이때 의논에 참여한 사람은 당시 조정의 원로였던 영부사 이경석李景奭, 판부사 정치화, 좌의정 허적, 판부사 송시열, 찬선 송준길이었다. 각론을 보자.

이경석: 비희는 시역을 한 것이 아닙니다. 또 부모에게 욕을 한 일도 없었습니다. 그러니 강상죄를 범한 것으로 단정한 것은 너무 무겁지 않겠습니까? 이것은 예율禮律에 있어서 그 죄가 마땅히 쫓아내는 데 해당합니다. 신은 정리情理와 법률을 참작하되 중도에 맞게 해서 너무 무겁거나 너무 가볍지 않게 해야 할 것으로 생각합니다.

정치화: 죄인 비희는 평소 시부모에게 불순했을 뿐만 아니라 그 시어미가 격노로 인해 병을 얻어 끝내 구할 수 없는 지경에 이르렀다는 말이 그의 남편 유진의 공초에서 나왔습니다. 비록 삼성하여 다스릴 수는 없다고 할지라도 그 불순한 죄만 논해서는 안 될 것입니다. 정리와 죄를 참작해 사형을 면하고 정배하는 것이 마땅할 듯합니다.

허적: 율문을 두루 조사하고 깊이 생각해보았으나 적당한 조문을 찾을 수 없었습니다. 처벌을 그만둘 수 없다면, 정리와 법을 참작하여 적당한 율에 맞추어 먼 지방으로 귀양을 보내어 그 악을 징계하고 풍습을 바로잡는다면, 가볍지도 무겁지도 않고 적절할 듯합니다.

송시열: 그의 시어미가 그 사람 때문에 죽었다면 범한 바가 가볍고 무거움을 따질 것 없이 범연하게 불순한 사람을 처벌하는 율로 처벌하기는 어려울 것입니다. 죽음만 겨우 면하게 하는 것이 마땅할 것입니다.

송준길: 비희가 비록 효순孝順의 도리는 잃었으나, 고부간 갈등에 불과합니다. 불행한 일을 당한 것으로 말하자면, 실로 그녀가 그렇게 되기를 바란 것은 아니었을 것입니다. 참작하여 율을 쓰는 것이 타당할 듯합니다.[13]

사건은 결국 성비희를 귀양 보내는 것으로 끝났다. 다만 성비희 사건은 음미해볼 가치가 있다. 9월 25일 호조 판서 민정중은 성비희는 시어머니가 자신 때문에 죽었다고 말했다고 전하고 있다. 그것은 인용된 정치화의 말에서 보듯 남편 유진도 인지하고 있는 것이었다. 하지만 성비희는 여러 사람이 증언하고 있듯 시어머니를 직접 살해한 것도 아니고, 욕설을 한 것도 아니었다. 즉 구체적으로 지적할 만한 폭력적 행위를 동반한 것은 아니었다. 말하자면 성비희는 시어머니의 명령을 고분고분 수행하지 않는 며느리일 따름이었다. 따라서 성비희에게 적용될 죄목은 '불순'이었다. 남편 유진은 어머니와 아내를 조정할 수 없었다. 이러한 갈등 속에서 시어머니가 사망하고 말았던 것이다. 시어머니의 사망이 반드시 성비희와 어떤 필연성이 있는가는 확인할 수 없지만, 근접해 있는 두 사건은 계기적 관계가 있는 것으로 인식되었고, 또 성비희와 유진 역시 그렇게 생각했던 것이다.

이 사건이 일어난 1668년은 결혼 이후 남성이 여성의 집으로 가서 거주하는 처가살이에서 여성이 남성의 집으로 가서 거주하는 시집살이로 옮겨가는 바로 그 시기였다. 즉 17세기 중반은 처가살이에서 시집살이로 이행하는 바로 그 지점이었던 바, 성비희 사건은 바로 그 이행기의 갈등이 첨예하게 드러난 시기라고 말할 수 있다. 아직 가부장제는 자신의 집으로 들어온 여성을 압도하지 못하고 있었던 것이며, 성비희 사건은 그 시기에 일어난 초유의 일이라 대신들의 의견을 모을 필요가 있었던 것이다.

재심의 본격화와 김진규의 논리

―――――

　다시 김유경의 상소로 돌아가자. 1713년 1월 25일 김유경이 유정기
가 죽은 뒤라도 신태영을 이혼시키는 문제에 대해 대신들에게 의견을
물을 것을 요구했다. 대신들의 의견이 수렴된 것은 석 달 뒤였다.《숙
종실록》39년(1713) 4월 27일 기사에 의하면, 대신들은 역적이거나 정
절을 잃은 경우를 제외하고는 이혼을 하게 하는 법이 없다고 답했다.[14]
과거 신완의 판단과 같았고, 이것은 대체로 당시까지 사건을 끌어온
상식이었다. 하지만 강력하게 반론을 제기한 사람이 있었다. 1704년
11월 14일 신완이 의견을 제출했을 때 병 때문에 의견을 제출하지 못
한 이여는[과거에는 좌의정, 지금은 판부사] 이혼을 허락해야 한다는 이견을
제출했다. 이여의 논리는 다음과 같았다.[15]

　이여는 '부부는 오륜의 시작이고 삼강의 근본'으로서 부부의 관계가
바르게 된 이후에 윤리와 기강이 제대로 펼쳐질 수 있다는 원론을 먼
저 꺼냈다.[16] 물론 그렇다 해서 남편과 아내가 평등한 관계라는 의미는
결코 아니다. 성인이 칠거지법七去之法을 세워 집안을 바로잡는 의리
를 밝혔기 때문이다.[17] 이여는 아내가 악행을 저질렀을 경우 남편이 버
리지 못하여, 즉 이혼을 하지 못해 패륜悖倫·난상亂常의 지경에 이르렀
는데도 이혼을 허락하지 않는 것을 원칙으로 삼는다면, 윤리와 기강에
손상이 있을 것이라는 논리를 펼친다.[18] 형식 논리를 따라가면 이여의
논리는 정당하다. 윤리적인 문제를 일으킨 여성을 이혼시키지 않는다

면, 그것이 윤리와 기강을 손상시킬 것은 당연한 일이기 때문이다. 하지만 신태영의 행위가 과연 악행이며 윤리와 기강을 손상시킨 경우에 해당하는지 과거 조사에서 판단하기란 불가능하였다. 이여는 계속해서 말한다.

> (1) 우리나라 풍속은 여자가 정조와 신의가 있어, 한 번 결혼하면 다시 개가改嫁하지 않고, 비록 쫓겨난다 하더라도 종신토록 수절을 하기 때문에 국법에서 가볍게 이혼을 허락하지 않았습니다.
>
> (2) 하지만 그 죄악이 법률에 관계되는 경우는 또한 이혼을 허락하지 않은 경우가 없었습니다. 《대명률》에 실린 것은 곧 국법인데, 이혼시키는 법률이 없다고 하는 것을 신은 그 이유를 알지 못하겠습니다.[19]

이여의 발언 (1)에서 17세기 중반에는 이미 사족 여성의 개가 금지, 수절이 일반화되었음을 짐작할 수 있다. 더욱이 여성은 남성의 가문에서 쫓겨나더라도 재혼할 수 없었던 사실도 확인된다. 이여는 결혼한 여성은 남편의 부재는 물론, 남편의 가문에서 쫓겨난 경우라 하더라도 수절이 원칙이기 때문에 이혼 자체가 불필요한 것이었다고 말한다. 하지만 그는 예외적으로 여성의 죄악이 법에 관계된다면 이혼을 허락했다고 한다.

이하 이여는 임방의 논리를 되풀이하고 있다. 이여가 임방의 편을 들고 나선 것은 혹 그가 임방과 삼촌의 친척이기 때문이 아닐까 한다.[20] 이여는 (2)에서 보듯 《대명률》에 이혼시키는 법이 있으며, 그 법을 범할 경우 이혼이 가능하다고 주장하고 있다. 그가 말하는 《대명률》은 앞서의 '처첩구부' 조인데, 신태영은 유정기를 구타한 적이 없으므로 이 조와 맞지 않는다. '처첩구부' 조의 적용 여부는 일단 차치하고서라도, 먼저 유정기가 제기한 신태영의 죄목이 사실인지의 여부를 판단해야만 할 것이다. 하지만 1704년과 1705년에 걸친 기나긴 조사에서 신태영이 시부모에게 욕설을 했다든가, 제주에 오물을 섞었다든가, 밤길을 홀로 다녔다든가 하는 혐의는 모두 근거가 없는 것으로 밝혀졌다. 이여는 어디서 다시 신태영의 유죄를 확신하는 것인가.

이여는 신태영 부부가 서로 들추어낸 일은 남녀의 거실居室의 일, 곧 부부만의 은밀한 일이라서 자신은 그 허실을 판단할 수 없지만, 의금부의 공사供辭만 가지고 판단하건대, 신태영이 남편 유정기를 원수처럼 보고 반드시 날조하고 죄를 얽어 유정기를 사람 축에 끼이지 못하게 하려 한 정상이 지극히 도리에 어긋난다는 것이다. 곧 남편을 모욕한 죄는 성립한다는 것이다. 이여의 판단에 의하면, 그것은 칠거지악을 넘어서는 것이었다. 따라서 다시 조사할 것 없이 신태영의 죄를 확정할 수 있다는 것이다.[21] 이여의 주장을 압축하면, 신태영은 법을 위반한 것이 아니라 남성의 입장에서 만든 도덕을 위반한 것이다. 신태영은 한마디로 남편에게, 가부장제에, 남성에게 순종하지 않기에 처벌되어야 할 것이고, 그 처벌은 곧 이혼이었다. 그런데 조정에서는 이 사실을 알고도 이혼을 허락하지 않았으니, 이것은 신태영이 남편을 남편으로 여기지 않는, 말하자면 이혼을 사실상 선포한 것인데도 남편의 입장에서는 도리어 이혼을 할 수 없는 꼴이라는 것이 이여의 주장이었다. 따라서 유정기가 죽기 전 어가御駕 앞에서 이혼을 요청하였으니,

그의 죽음에 상관없이 법률적으로 이혼을 시키는 것이 당연하다는 것이다.

판부사 김창집金昌集도 이여의 논리에 동의했다. 숙종은 이여의 주장이 타당성이 있다면서 이혼을 허락하라고 명한다. 하지만 이내 공조판서 김진규의 강력한 반대에 부닥쳤다.

김진규는 장문의 상소를 올려 신태영의 이혼이 불가한 이유를 강력하게 주장했다.[22] 그는 먼저 '사실이 율문에 위배되기 때문'에 이여의 헌의獻議를 따른 숙종의 명을 즉시 실행할 수 없다고 밝혔다. 여기서 말하는 사실이 무엇을 뜻하는지는 모호하지만, 아마도 이여가 든 이혼의 사유가 법에 위배되는 것이 아니라는 점을 지적한 것으로 보인다. 이어 그는 과거 국법에 해당 법률이 없었기 때문에 신태영에게 이혼을 강제할 수 없었던 판단을 떠올렸다. 이미 결론이 난 일을 왜 다시 문제 삼느냐는 것이다. 이어 김진규는 1704년과 1705년의 사건 조사를 하나씩 다시 검토하기 시작한다.

김진규는 먼저 유정기가 신태영의 죄로 삼은 것들이 모두 근거 없는 것이었음을 상기시킨다. 즉 시부모에게 욕을 했다는 것, 제주에 오물을 섞었다는 것, 홀로 밤길을 갔다는 것은 모두 근거가 없거나 믿기 어렵거나 혹은 상황에 몰린 결과로서 모두 성옥成獄할 만한 근거가 되지 못했다는 것이다. 앞서 검토한 바와 같이, 신태영이 처벌을 받은 것은 다른 데 있었다. 곧 신태영이 신문 과정에서 쏟아낸 말이 극히 패악한 것이 그 원인이었던 것이다. 따라서 그 당시 의금부에서 이혼은 옥관獄官이 의논할 바가 아니고, 또 달리 적용할 율도 없어서 대신에게 의견을 물을 것을 요청했던 것이다. 이에 신완이 이혼에 관한 법은 국전에 없고,

또 주언奏讞 역시 당률當律이 아니니 "현재 드러난 패악한 말만 가지고 죄를 의논하는 것이 타당할 것 같다."고 하였고, 그 말에 따라 의금부에서 남편을 구타한 경우와 남편에게 욕을 한 경우에 대한 율을 숙종에게 보고하여 먼 곳으로 유배를 보내는 것으로 결론이 난 것이었다. 이상의 경과를 요약하고, 김진규는 그 처분이 타당하였다고 판단을 내린다.

그 뒤 7년 동안 신태영의 죄를 재론하는 자는 없었다. 그런데 뜻밖에도 유정기가 상언하면서 남편이 이혼을 원하면 들어준다는 《대명률》을 끌어대었던 것이다. 하지만 김진규는 그것이 아내가 남편을 구타한 경우에 해당하는 것으로, 신태영의 죄상에는 적용할 수 없는 것이라고 말한다.[23] 김진규는 《대명률》을 근거로 이혼이 가능하다는 이여의 주장을 정면으로 반박하고 있는 것이다.

> 《경국대전》에 이른바 '형刑은 《대명률》을 쓴다'라고 한 것은, 대개 달리 감죄勘罪하는 일이고, 이혼이 《경국대전》에 실려 있지 않은 것은 전날 의논하는 사람들이 이미 상세히 말했습니다. 그런데도 억지로 끌어대어 사심을 풀고자 하는 것입니까?[24]

조선은 독립적인 '형법'을 갖지 않았고, 명나라의 《대명률》을 형법으로 차용하는 것을 원칙으로 삼고 있었다. 하지만 《경국대전》에 이혼에 관한 법이 실려 있지 않으니 《대명률》을 끌어들여 처벌할 수가 없다는 말이다. 김진규는 이여가 국법이 이혼을 가볍게 허락하지 않은 것은 사실이지만, "그 죄악이 법률에 관계되는 경우는 또한 이혼을 허락하지 않은 경우가 없었다."고 말한 것 역시 반박했다. 즉 과거 그런 경우가 한둘 있기는 했지만, 그것은 일시의 특명일 뿐 상례로 끌어낼 것은 못 된다는 것이다. 요컨대 이여의 말은 자질구레하고 근거가 없는 것이었는데도 의금부에서 즉시 아뢰는 것을 막지 못했다는 것이다.[25]

김진규는 김유경이 이 사건을 재론하는 데에 어떤 다른 의도가 있지 않나 의심한다. 그는 김유경의 상소 한 구절을 먼저 지적한다.《숙종실록》에는 실려 있지 않지만, 김진규의 상소에 인용된 그 구절은 '병술년(1706)에 헌의한 사람은 단지 한 사람의 대신일 뿐이니, 초초草草하다'는 것이었다.[26] 그는 김유경이 성비희의 일을 인용하면서 다시 여러 대신과 유신에게 의견을 물을 것을 요구한 것은, 대개 의견을 내는 사람이 많으면 전날의 대신, 곧 신완의 의견과 다른 의견이 나올 것을 바랐기 때문이라고 주장한다. 김진규는 전에 드러나지 않고 뒤에 새로 드러난 신태영의 죄가 있다면 마땅히 다시 의논해야 하겠지만, 전후의 죄명이 같다면 전에 이미 구핵하고 순의하여 감단勘斷하였으니, 다시 의논할 필요가 없다고 반박한다.[27]

김진규는 김유경이 들었던 성비희 사건은 신태영의 이혼에 참고할 수 있는 성격의 것이 아니라고 말한다. 성비희의 죄는 신태영에 비해 무거웠고, 삼성추국 여부에 대해 대신과 유신에게 두루 묻기까지 한 것은 그 옥사를 무겁게 여겼기 때문이다. 하지만 당시 대신과 유신의 의견은 그와 반대였다. 당시의 상신 이경석은 예로 보아 마땅히 출거黜去해야 한다는 뜻을 행간에 내비치기는 했지만 딱 잘라서 하는 말과는 달랐고, 그 밖의 대신들 역시 특별히 '이혼'이란 말을 거론하지 않았다는 것이다. 더욱이 송시열과 송준길로 말하자면 예제禮制에 엄하고 윤상倫常에 밝았지만, 그들의 의논은 단지 적용할 법의 경중에만 있었을 뿐이고, 애당초 한 번도 '거去' 자를 꺼낸 적이 없다는 것이다. 따라서 성비희의 사건은 신태영의 이혼과 유사성이 없으므로 인용할 수 없다는 것이 김진규의 논리였다. 신진의 대관臺官, 곧 김유경의 발언은 그리 큰 중요성을 지니지 않는 것인데, 조정에서 그의 말을 따라 다시 이혼 여부를 묻는 일이 있었으니, 이것이야말로 본말이 뒤바뀐 일이라는 것이다.

김진규는 김유경을 이렇게 비판한 뒤 이여의 주장을 비판한다. 중요한 부분이기에 직접 인용한다.

> 노성한 대신이 죄와 처벌하는 법이 어울리지 않는 것과 국법을 굽히기 어려움과 뒷날 폐단에 관계됨을 충분히 헤아리지 않고, 미워하는 바가 오로지 신태영이 그 남편을 참소한 데 있어, 마침내 윤리 강상의 중대한 일로 단정하여 상격常格을 파괴하고 이혼을 허락하고자 하였습니다. 이 의논은 범연히 보면 그럴듯하지만, 자세히 따져보면 그 불가함을 분변할 수 있습니다.[28]

노성한 대신이 법을 충분히 헤아리지 않고 신태영을 증오하는 마음에 이혼을 허락하고자 했다는 것인데, 이것이 뒤에 이여의 반박을 불러오는 중요한 계기가 된다. 김진규는 이여의 논리가 부당함을 하나씩 밝혀나간다. 신태영에게 적용될 구체적인 죄는 남편을 참소한 것이었던 바, 그 죄는 '매부罵夫', 곧 남편에게 욕설을 한 데 대한 율에 해당하는 것이었다. 그리고 '매부'는 '구부毆夫', 곧 남편을 구타한 것에 비해 가벼운 것이다. 따라서 남편을 구타한 경우 이혼을 허락하는 조항을 남편에게 욕설을 한 경우에 적용하는 것은 법을 편의에 따라 적용하는, 합리성을 잃어버린 처사란 것이다.[29] 이것이 핵심이었다.

여기에 김진규는 새로운 이야기를 덧붙인다. 남녀의 극히 사적인 결혼 생활,[30] 그리고 처와 첩이 서로 질투하는 관계는 사랑과 증오가 항상 변하게 마련이고, 선과 악에 진실이 없다. 따라서 남편과 처와 첩의 애증에서 발생한 이 문제가 정처의 이혼을 허락하는 쪽으로 결론이 난다면, 그것은 아마도 장래 죄 없는 부인들이 오갈 데 없이 되어 원한을 품는 경우가 많을 것이다.[31] 즉 남편의 권력이 압도적으로 작용하는 가부장제에서, 그리고 처첩제가 인정되고 있는 상황에서 신태영을 강제로 이혼시켜 남편의 말에 따라 정처와의 이혼을 허락하는 길을 연다면, 이후로 많은 사람이 합법적 경로를 통해 적처를 쫓아내게 될 것이다. 김진규는 적처의 축출이 가부장제가 갖는 정통성을 해칠 것을 염려한다. 더욱이 중국의 경우는 쫓겨난 여성이 재혼하기가 어렵지 않아도 이 점을 염려하고 있는데, 조선의 경우 한 번 결혼한 여성은 종신토록 수절을 하기에 더더욱 이혼을 허락할 수 없다는 것이다. 여성의 입장을 고려한 김진규의 판단은 확실히 유연하다. 이여와 똑같은 가부장제에 서 있지만, 이여가 남성보다 열등한, 남성에 종속된 존재인 여성에게 남성이 모욕을 당했을 경우의 분노를 직접 표출한다면, 김진규는 좀 더 안정적이고 장구한 가부장제의 존속을 도모한다.

김진규는 다음과 같은 말로 일단 이여에 대한 비판의 결론을 내린다.

헌의한 대신이 부부는 오륜의 시작이라고 했습니다. 아, 오륜에서 시작한 사람인데 혹시라도 죄 없이 살 곳을 잃는다면 이 어찌 왕정이 할 바이겠습니까? 신은 국법에 이혼에 관한 법이 없다는 데서 조종祖宗의 거룩한 뜻을 볼 수 있다고 생각합니다. 지금 대신 역시 윤리와 의리를 후하게 적용하여야 한다고 말하면서도, 도리어 한 사람을 깊이 미워한 나머지 뒷날의 폐단을 돌아볼 겨를이 없으니, 신은 애석히 여기는 바입니다. 이상의 세 가지로 저울질하여 결단한다면, 이제 이혼의 마땅함과 마땅하지 않음은 아주 분명해졌을 것입니다.[32]

이 말을 끝으로 김진규는 이제까지 자신이 이해할 수 없었던 유정기의 오류를 지적한다. 신태영이 패악한 것은 두말할 필요도 없지만, 유정기에게도 잘못이 있다는 것이다. 김진규의 주장을 풀어서 정리하면 다음과 같다.

첫째, 유정기의 부모가 신태영이 불순한 것을 깊이 미워했다고 하자. 그렇다면 어떤 방법을 취하든지 신태영에 대한 모종의 처분이 있어야 했다. 그런데 처분이 없었다. 유정기 쪽에서 내세운 논리는 만약 신태영을 일찍 내쫓는다면 유정기의 전처의 아들, 곧 유언명의 혼사에 지장이 있을 것이기에 그랬다고 한다. 하지만 유언명은 신태영이 낳은 자식이 아니지 않은가. 일찍 쫓아내었다 하더라도 혼사에 지장이 없었을 것이다.

둘째, 만약 유정기 쪽에서 하는 말이 사실이라면, 즉 신태영이 시부모에게 불순한 것이 사실이라면, 오직 신태영을 통제해야 할 뿐이다. 또 신태영을 애정 없이 대했더라면 많은 자녀를 낳을 수 없었을 것이다. 하지만 유정기와 신태영은 1678년에 결혼한 이래 1688년까지 10

년 동안 다섯 명의 자녀를 낳았다. 그런데 신태영에 따르면, 1688년 유정기는 예일에게 빠졌고, 1690년 신태영을 집안에서 내쫓았다. 신태영이 부모에게 불순했다는 것은 1688년 이전에도 적용될 것이다. 김진규가 묻는 것은 바로 그 부분이다. 시부모에게 불순한 것이 사실이었다면 신태영과 냉담하게 지냈어야 마땅한데, 어떻게 많은 자녀를 낳을 수가 있었겠느냐는 것이다.

셋째, 김진규는 신태영을 내쫓은 뒤 유정기의 행동에 모순이 있었음을 지적한다. 그는 "이미 원수로 보고 사당에 고하여 신태영을 쫓아낸 뒤에도 신태영을 왕래하게 한 이유는 무엇인가?"라고 묻는다. 신태영은 쫓겨난 뒤에 아들 유언명의 집에 머물렀으니, 사실 유정기는 신태영을 완벽하게 내쫓은 것이 아니고, 신태영은 여전히 유정기의 집안에 드나들고 있었던 것이다. 그뿐만 아니라 유정기는 신태영의 죄가 이혼에 해당하는 것이라고 하면서도 신태영을 쫓아내고 10년이 지난 뒤에야 예조에 이혼을 신청한 이유가 무엇이냐고 김진규는 묻는다. 김진규는 유정기의 난처한 부분을 가차 없이 파고들었다. "그의 처사가 잘못되고 말이 파탄이 난 것이 이와 같은데도 아직도 처의 죄를 성토한단 말입니까?"

넷째, 김진규는 사태를 이렇게 만든 근본 원인은 유정기에게 있다고 주장한다. 이것이 가장 중요한 부분이다. 김진규는 유정기가 비첩을 압닐狎昵하여 비첩에게 가정家政을 맡긴 일은 숨길 수 없는 사실이라는 점을 지적한다. '압닐'은 아주 가까이하며 귀여워하는 것을 의미한다. 곧 유정기는 예일에게 푹 빠졌고, 마침내 '집안 살림을 맡아서 다스리는 권한', 곧 가사권家事權을 예일에게 맡겼던 것으로 보인다. 유정기는 자신이 예일에게 살림을 맡긴 것은 신태영이 패악질을 한 뒤라고 밝혔을지는 몰라도, 그가 예일에게 빠져 신태영을 멀리하고 신태영에게서 주부의 권한을 빼앗아 예일에게 넘긴 사실은 변하지 않는다. 신태영이 몹시 분노한 것은 자신의 권한을 예일에게 빼앗겼다는 사실에 있었을 것이다. 김진규는 이것을 근거로 하여 신태영의 참소를 초래한 원인이 유정기에게 있다고 말한다. 신태영과 반목한 것이 좌복左腹(아양을 떨어 신임을 얻는 것) 때문이라 할 수 있다는 것이다. 곧 유정기가 비첩 예일에게 빠진 것이 문제의 원인이라는 것이다.

신태영에 대한 수많은 언급 중에서 문제의 핵심에 접근한 것은, 유정기가 예일에게 빠진 것이 사태의 원인이라는 김진규의 발언일 것이다. 유정기가 신태영과 갈등을 빚게 된 것은 결국 유정기가 예일을 사랑하게 된 뒤 예일의 말을 듣고 가사권을 신태영에게서 빼앗은 데 있을 것이다. 유교적 가부장제가 허용한 남성의 복수적 성관계가 초래한 문제가 원인이었던 것이다. 즉 여성은 한 남성에게 성적으로 종속되지만, 반대로 남성은 정처 외에 첩을 둘 수 있고, 여타의 여성, 예컨대 계집종이나 기녀와 복수적 성관계를 가질 수 있음을 허락한 유교적 가부장제의 성적 욕망이 문제의 저변에 자리 잡고 있었던 것이다.

김진규에 의하면, 유정기는 가부장적 권위를 갖추지 못한 자다. 유정기는 이런 오류를 저지른 자신을 반성하지 않고 부끄럼을 무릅쓰고 이혼을 청한 자인데, 조정에서는 일의 본말을 철저히 알아보지도 않고 유정기의 소원을 따르고자 하니, 이미 타당성을 잃은 것이다. 거기다 유정기가 죽은 상황에서 이혼의 법을 베풀 곳이 없다고 지적한다.

마지막으로 김진규는 유정기의 아들 유언명의 난처한 상황을 꺼냈다. 유언명은 신태영을 어머니로 섬겨왔는데, 이제 이혼이 이루어진다면《예기》에 이른바 '급伋의 처가 되지 않는 사람은 백白의 어머니가 될 수 없다'[33]는 경우가 될 것이라는 것이다. '급伋'은 공자의 손자인 자사子思, 곧 공급孔伋이고, 백白은 그의 아들 공백孔伯을 말한다. 공백은 쫓겨난 어머니[出母]의 상을 입지 않았다. 이것은 아버지 자사의 뜻을 따른 것이었다. 어머니의 상을 입지 않는 공급의 처사를 이상하게 여긴 사람들이 자사에게 묻자, 자사는 '급의 처가 되지 않는……'이라는 말로 답했다. 이 말은 곧 아버지가 자신의 아내로 여기지 않으면 자식 역시 어머니로 여기지 않는다는 뜻으로 이해될 수 있다. 어머니가 살아 있을 경우, 그것은 불효가 된다. 김진규는 바로 이 점을 지적하고 있는 것이다. 만약 이혼이 이루어지면 신태영과 유언명의 모자의 윤리를 끊어버리게 될 것이다. 이것은 원래 유언명을 위해 이혼을 원한 유정기의 행동이 결국은 유언명과 신태영의 모자 관계를 끊게 되어, 결과적으로 유언명에게 불리한 쪽으로 작용하게 될 것이다. 김진규는 신태영이 유언명 부부가 자신에게 불효했다고 말한 공초 역시 분김에 뱉은 말이고, 그런 일이 꼭 있었다고 단정할 수는 없다고 주장했다.

김진규의 의견은 결국 이미 처벌을 받은 신태영에게 더는 죄를 씌울 수 없으므로 그냥 내버려두는 것이 관대한 정치에 해롭지 않을 것이라는 뜻이었다. 다만 김진규는 외방에 있는 대신과 유신, 예관禮官에게 의견을 수렴할 것을 요청했다. 숙종은 김진규의 상소가 타당성이 있다며 의견 수렴을 지시했다. 판부사 최석정과 윤증尹拯은 의견을 내지 않았고, 대사헌 권상하權尙夏는 이여의 견해에 찬동하였다. 하지만 판의금 김우항金宇杭, 동의금 남치훈南致熏·이선부李善溥, 예조 참판 민진원은 국법에 위배된다는 이유로 이혼은 불가하다고 판단했다. 곧 김진규의 견해가 대세를 이루었던 것이다. 숙종은 신태영의 공사供辭가 패악한 것은 사실이고, 또 윤리 강상을 바로잡기 위해서는 이혼이 마땅하지만, 이혼은 법전에도 위배되고 훗날 무궁한 폐단을 열 가능성이 있다면서 이혼을 허락하지 않았다.

이혼을 주장하는 이여의 논리

숙종이 김진규의 의견을 따라 이혼을 불허하자, 이혼을 강력하게 주장한 이여가 5월 7일 김진규의 상소에 반박하는 상소를 올린다.[34] 이여는 먼저 김진규의 논리를 요약한다. 곧 "노성한 대신이 죄와 처벌하는 법이 어울리지 않는 것과 국법을 굽히기 어려움과 뒷날 폐단에 관계됨을 충분히 헤아리지 않고, 단지 신태영이 그 남편을 참소한 것에 대한 증오심 때문에 윤리 강상의 무거움을 들어 상격을 깨고 이혼을 허락하자고 했다."는 것이 김진규의 논리라는 것이다.[35] 이 점은 이미 앞에서 지적한 바 있다. 즉 김진규는 이여가 신태영에 대한 증오로 인해 법의 처벌 가능성을 냉정하게 판단하거나 신태영의 이혼이 뒤에 미칠 영향을 고려하지 않고 감정에 치우친 주장을 하는 것이니 이혼을 허락해서는 안 된다고 판단했던 것인데, 이여로서는 받아들이기 어려운 말이었다.

하지만 이어지는 이여의 주장은 김진규의 지적을 벗어나지 못한다. 이여는 오로지 신태영이 혹 원통할까 하여 심지어 적첩嫡妾과 모자의 윤리라는 말을 꺼냈다는 것이다. 하지만 이여는 부부 역시 윤리적 관계이며, 삼강의 하나라는 사실을 새삼 지적한다. 이여의 논리는 이렇다. 아내가 남편을 무함하는 것은 자식이 아비를 무함하는 것과 같은 것이며, 비록 '사실私室', 곧 온전히 개인적인 공간에서 있었던 말이라도 만약 아내가 남편을, 자식이 아비를 무함하는 일이 있다면, 그 죄를 바로잡아 인간의 윤리를 세워야 한다는 것이다. 하물며 의금부의 신문 과정에서 나온 경우는 말할 필요조차 없다는 것이다. 이여의 말을 풀어보면 이렇다. 남편-아내는 부모-자식처럼 상하의 종속적 위계 관계다. 따라서 양자만이 있는 사적 공간에서 아내가 남편을 모욕했을 경우라도 처벌받아야 마땅하다. 그것이 왕의 직속 사법기관인 의금부에서 직접 진술한 것이라면 처벌은 더더욱 당연하다는 것이다.

앞서 신태영이 의금부에서 진술했다는 말을 떠올려보자. 신태영은 부부 사이의 은밀한 일, 성생활까지 까발리면서 유정기를 비난했던 것이 분명하다. 이여는 신태영의 그 발언을 계속 상기시키고 있는 것이다. 이여는 신태영이 유정기를 비난한 것은 자식이 아비를 모욕한 것과 같은 죄라고 주장한다. 신태영의 죄를 무거운 쪽으로 몰아가기 위한 복선이다. 김진규는 신태영이 남편을 참소한 것이 남편에게 욕설을 한 정도가 된다고 주장한 바 있다. 곧 남편을 욕한 것은 남편을 구타한 것보다 가벼운 죄인 것이 명확한데, 남편을 구타한 경우에 적용하는 법, 곧 이혼을 강제하는 법을 적용하는 것은 너무나 임의적인 법 적용이 아니냐는 것이 김진규의 주장의 골자였다. 하지만 이여는 신태영이 유정기의 지난 잘못을 들추어낸 죄는 남편을 구타한 것보다 더 무겁다고 판단한다. 즉 김진규가 신태영이 유정기의 허물을 들추어낸 것을 욕을 한 데 비긴 것은, 부부의 윤리를 너무 가볍게 본 처사라는 것이다.[36] 언어적 폭력이 신체적 폭력을 넘어서는 경우가 있음을 떠올려보면 이여의 말에 일리가 없는 것은 아니다. 하지만 이여가 말하는 부부의 윤리가 남-녀의 동등한 관계 설정에서 이루어지는 것이 아니라 상하의 권력적 관계라는 점에서 부부의 윤리 운운하는 것은 설득력이 없다.

이여는 요순의 시대에는 형벌이 지극히 관대했지만, 그래도 '호종적형怙終賊刑'하는 경우가 있었던 것은 그 죄질이 극히 나빴기 때문이라고 말하는데, 이 말은 사실상 신태영의 죄질이 극히 나쁘다는 주장을 이끌어내기 위해 꺼낸 것이다. '호종적형'은 《서경》 우서虞書 〈순전舜典〉에 나오는 말이다. '怙'는 믿는 바가 있는 것이고, '終'은 재범을 말하는 바, 곧 무언가 믿는 구석이 있어 일부러 범죄를 거듭 저지르는 것을 말한다. 이것은 의도적 범죄이기 때문에 적형賊刑, 곧 사형에 처했던 것이다. 이여는 신태영이 남편을 참소한 것은 의도적인 범죄라고 주장한다. 즉 관대한 형벌을 쓰던 시대에도 오히려 무겁게 처벌한 경우가 있듯, 과거 조선은 이혼을 어렵게 여겼지만, 그래도 이혼을 강제하는 경우가 있었다. 신태영이 바로 그 경우라는 것이 이여의 논리다.[37]

문제는 또 있었다. 유정기는 신태영이 시부모에게 욕설을 하고, 제주에 오물을 섞은 것을 죄목으로 삼아 이혼을 요구했다. 하지만 그것은 유정기의 일방적 주장이었고, 신태영과 여러 증인에 의해 실재하지 않았던 일임이 판명되었다. 이여 역시 이 사실을 알고 있었다. 그가 신태영의 평소 죄상에 대해 유정기가 하는 말을 다 믿을 수 없다고 한 것도 이 때문이다. 그렇다고 해서 신태영이 죄가 없다는 것은 아니라고 한다. 이여는 신태영의 공초가 이치에 어그러지고 도리에서 벗어난 것을 보면 그 성격과 행실을 충분히 알 수 있다고 말한다.[38] 이여는 신태영이 유정기를 남편으로 여기지 않았으니, 두 사람 중 먼저 부부의 관계를 단절한 사람은 신태영이라고 말한다. 그런데도 남편 유정기가 신태영과의 관계를 끊지 못하게, 즉 이혼하지 못하게 하는 것은 성왕의 윤리와 풍속을 바로잡는 정치에서는 있을 수 없는 일이라는 것이다.[39]

김진규는 신태영에게 이혼을 강제하는 것은 처첩 간의 애정 문제로 적처를 내쫓는 불행한 결과를 가져올 것이라고 주장한 바 있는데, 이여는 이에 대해서도 반대했다. 즉 신태영은 고금에 거의 들을 수 없는 패악한 아내요, 신태영의 악은 세상에 두 번 다시 출현하지 않을 것이기에 이혼을 강제해도 뒷날 유사한 사례가 발생하지 않을 것이라는 논리였다.[40] 이혼으로 인해 신태영과 유언명의 모자 관계가 손상될 것이라는 주장도 반박했다. 즉 자사는 아들 공백의 입장을 전혀 고려하지 않고 아내를 내쫓았으니, 모자의 관계는 돌아보지 않고 성격과 행실이 버릴 만하면 버릴 뿐이라는 것이다.[41]

유정기가 죽은 상황에서 이혼의 법을 베풀 수 없다는 주장도 부정했다. 부부가 배합配合하는 의리는 살아 있거나 죽었거나 차이가 없다는 것이다. 즉 남편이 죽고 아내가 살아 있을 경우, 뒷날 아내는 남편과 같은 무덤에 묻히고, 사당에서 같은 신주함에 들어갈 것이다. 따라서 이혼을 베풀 곳이 없다는 말을 이해할 수 없다는 것이다.

성비희의 사건에 대한 해석도 달랐다. 김진규는 성비희 사건이 신태영의 사건과 성격이 다르기 때문에 그 사건에서 대신의 의견을 모은 전례를 신태영 사건에 적용할 수 없다고 주장했다. 즉 성비희 사건이 신태영에게 이혼을 강제하는 어떤 계기로도 인용될 수 없다는 것이다. 하지만 이여는 성비희의 사건은 애초 이혼 여부를 결정하는 것이 안건이 아니었기에 성비희 사건이 신태영의 이혼이 부당하다는 주장의 근거로 원용될 수는 없다고 말한다.

이여의 주장의 핵심은 상소문 끝의 "상법常法은 굽힐 수 있지만, 윤강倫綱은 엄히 하지 않을 수 없다."는 말에 요약되어 있다.[42] 그는 법에

우선하는 윤리, 즉 여성은 남성에게 종속되어야 한다는 유가의 윤리에 입각하여 신태영을 처벌할 것을 요구한 것이다. 김진규가 제기한, 유정기의 축첩이 신태영의 패악스러운 행동을 불러왔다는 부분을 그는 결코 거론하지 않았다. 숙종은 귀향을 허락해달라는 이여에게 김진규의 상소 역시 자신의 견해를 말한 것에 불과하다며 달랬다.[43]

김진규의 재반박

─────

이여의 상소가 올라가자, 김진규 역시 5월 14일 상소를 올린다. 《승정원일기》에는 자신이 망언하여 대신, 곧 이여를 불안케 만들었다면서 죄를 청하는 상소를 올렸다고 간단히 전하고 있으나, 같은 날의 《실록》에는 상당히 장황한 내용의 상소가 실려 있다.[44] 하지만 이 역시 《죽천집竹泉集》에 실린 상소 원본[45]과 비교하면 아주 축약된 것이다. 이하 《죽천집》의 상소 원본을 인용한다.

이여의 반박 상소에 대해 온건하지만 언짢은 마음을 분명히 드러내는 말로 서두를 꺼낸 김진규는 이여의 주장을 다시 반박한다. 그에 의하면 신태영 사건은 부부·모자·적첩이란 세 가지 차원에서 윤상에 관계되므로 세 가지를 똑같은 비중으로 다루어야 할 것인데, 이여는 신태영 한 사람만 너무 미워한 나머지 부부란 윤리만 들고 나머지 두 가지를 소홀히 했다고 평가한다.[46]

이여는 김진규가 "신태영이 혹 원통할까 하여 심지어 적첩과 모자의 윤리라는 말을 꺼냈다."고 한 바 있다. 이에 대해 김진규는 자신 역시 신태영의 악을 충분히 드러냈다고 말한다. 즉 자신이 앞의 상소에서 유정기와 신태영이 서로 악한 짓을 한 정상을 말하고, 신태영이 유정기와 관련된 행위를 폭로한 말이 극히 패악하다는 것을 말한 바 있으며, 또 신태영이 본디 패악한 인간임을 말했으니, 자신의 견해는 신태영이 원통한 일을 당할까 염려한 것에 가깝지 않고, 자신은 부부의 윤리를 그른 것으로 여긴 적이 없다는 것이다.[47] 김진규는 이여가 문제 삼는 신태영의 '참소'의 성격도 달리 보아야 한다고 주장한다. 즉 신태영의 참소는 자신의 죄를 면하려고 한 것으로, 말은 비록 아주 도리에 어긋난 것이기는 하지만, 이유 없이 남편의 지난 잘못을 고소한 것과는 차이가 있다는 것이다. 따라서 신태영의 말을 곧바로 남편을 무함한 것으로 단정할 수는 없다는 것이다.[48]

김진규는 다시 예일을 거론한다. 그의 논리는 다음과 같다.

> 이미 지적한 바와 같이 신태영이 이런 지경에 이르게 된 것은 본래 예일이 비첩으로서 중간에서 이간질을 하고 능욕을 했기 때문입니다. 그리고 신태영이 의금부의 공초에서 아들과 며느리를 언급한 것(곧 불효로 몰아붙인 것)은 사실 여부를 판단할 수 없습니다. 하지만 유정기가 신태영을 버리고, 신태영에게 죄를 준 뒤에 반드시 이혼하려 한 것은 아들을 위한 것이었고, 이것은 모든 사람이 아는 바입니다. 그러니 지금 신태영만 심각하게 처벌하여 윤리를 세우려고 한다면 결국 자식을 위한다면서 어머니와 관계를 끊고, 비첩 때문에 주모主母를 내쫓는 결과에 다다르게 됩니다.[49]

중간의 복잡한 과정과 소모된 언어를 거두어들이면, 이 사건은 결국 유정기가 비첩을 사랑하여 정처를 내쫓은 간단한 사건인 것이다. 더 간단히 말하자면, 비첩 예일이 신태영을 내쫓고, 자식들을 어머니와 헤어지게 만들었던 것이다. 이것은 예일이 가장 바라는 바였을 것이다. 김진규는 결국 유정기가 비첩을 사랑한 것이 모자의 관계를 끊게 만들었다고 지적한다.

김진규는 법의 적용 문제도 다시 논한다. 그는 신태영의 참소가 남편에게 욕한 일에 견줄 것이지, 구타한 일에 견줄 수 없다는 주장을 되풀이하면서 다시 설명을 덧붙인다. 즉 참소와 욕설은 같이 입에서 나오는 것이지만, 구타는 수족으로 이루어져 본디 경중의 차이가 있고, 게다가 구타가 심할 경우 쉽게 다치거나 죽음에 이르니, 이것이 법률에 차등을 둔 이유이고, 이 때문에 마음대로 법을 올리고 낮출 수 없다는 것이다.[50]

김진규는 이여가 신태영에게 지나친 처벌을 적용하려 한다고 판단한다. 이여는 처벌의 강도를 높이는 근거로 《서경》의 '호종적형'을 인용한 바 있다. 하지만 김진규는 그것을 신태영의 경우에 적용할 수 없다고 말한다. 왜냐? 신태영은 믿는 바도 없고 다시 죄를 범하지도 않은 경우이기 때문에 '호종적형'을 끌어댈 수 없다는 것이다. 김진규는 신태영이 남편을 참소한 것은 정말 도리에 어그러진 일임을 인정한다. 하지만 그것이 법 적용의 근거로 작용할 수는 없다고 주장한다. 한 가지 일을 가지고 한 사람의 성품과 행실을 단정할 수는 있지만, 의금부에서 법을 적용할 때는 사실에 근거해서 죄를 결정해야 할 뿐이고, 법을 벗어나서 억지로 죄를 결정할 수는 없다는 것이다. 즉 법의 적용에는 감정에 휩싸이지 않고 오로지 범죄에 따른 냉정한 판단만이 있어야 한다는 것이다.[51]

김진규는 이여의 논리의 가장 강력한 근거인 '신태영이 유정기를 남편으로 여기지 않았던 것'에 대해서도 반박한다. 그것은 유정기가 '남편의 도리'를 잃은 데서 비롯된 일인데, 그 근본을 따지지 않고 법에도 없는 이혼을 신태영에게 강요하는 것은 모자와 적첩의 윤리를 손상시키기에 족하다는 것이다. 이여가 신태영을 이혼시켜야 한다고 주장하면서 유정기의 축첩으로 인해 발생한 문제는 전혀 고려하지 않았던 것을 꼬집은 것이다. 신태영을 이혼시키는 것은 결국 이여의 논리와는 반대로 모자와 적첩의 윤리를 파괴하니, 신태영의 이혼이 윤리와 풍속을 바로잡는 방법이라는 이여의 주장을 그는 도저히 이해할 수 없다고 말한다.[52]

정확한 법에 근거하지 않고 신태영을 이혼시키는 것은 결과적으로 뒷날의 폐단을 불러일으키게 된다는 논리 역시 더욱 구체화했다. 신태영의 패악함은 세상에 드문 것이기는 하다. 그렇다고 해서 법을 벗어나 처벌할 수는 없다. 왜냐? 아버지의 원수를 갚는 것은 천리와 인정에 합치되는 것이기는 하지만 유사有司, 곧 관官에 고하지 않은 경우 죄가 되고, 주인이 노비를 죽일 경우 의당 죄가 없는 것 같지만 천살擅殺이란 죄에 해당된다.[53] 만약 관에 알리지 않은 복수를 허용하고, 주인이 노비를 살해하는 길을 열어둔다면 '살인' 자체를 걷잡을 수 없을 것이다. 김진규는 이런 법들이야말로 모두 뒷날의 폐단을 염려했기 때문인바, 지금 조종의 성헌成憲에 없는 법을 만들어 신태영을 강제 이혼시킨다면, 필연적으로 뒷날 폐단이 생길 것이라 판단한다.[54]

유정기가 신태영의 질투로 인해 내쫓고 이혼하려고 했다는 논리는 성립할 수 있는가? 앞서 이여는 "성인이 질투하면 버린다는 가르침을 만들되, 적·첩의 구분을 두지 않았다."고 말한 바 있다.[55] '투기하면 버린다'는 것은 이른바 칠거지악 중 하나다. 유가의 윤리는 남편이 다른 여자와 성적인 관계를 맺더라도 질투하지 말 것을 덕목의 하나로 규정하였던 것이다. '칠거지악'은 원래《대대례大戴禮》에 실려 있는 것이지만, 이것이 널리 알려진 것은 고려 말《소학》이 수용되면서부터였다. 즉《소학》내편, 〈명륜〉의 '명부부지별明夫婦之別'에 칠거지악이 실려 있는데, 다음과 같다.

> 부인에게는 일곱 가지 내쫓는 경우가 있다. 시부모에게 순종하지 않으면 내쫓으며, 자식이 없으면 내쫓으며, 음란한 짓을 하면 내쫓으며, 질투하면 내쫓으며, 나쁜 질병이 있으면 내쫓으며, 말이 많으면 내쫓으며, 도둑질하면 내쫓는다.[56]

위의 '질투하면 내쫓으며[妬去]'의 '妬'에 '爲其亂家也'란 주석이 달려 있다. 김진규는 '집안을 어지럽히기 때문'이라는 선유先儒의 주석은 '가도家道의 괴란乖亂이 아내의 질투에서 시작됨'을 지적한 것일 뿐이고, 남편이 비첩에게 미혹되어 아내를 내쫓는 경우와는 다르다고 추리한다.[57] 김진규 쪽이 주석에 대한 좀 더 정확한 해석으로 보인다. 김진규는 이여가 든, 자사가 아내를 내쫓은 고사에 대해서도 반박했다. 자사가 아내를 내쫓은 것은 아내에게 내쫓을 만한 죄가 있었기 때문이고, 자식인 공백과 어미가 불화했기에 공백을 위해 아내(어머니)를 내쫓은 경우가 아니라는 것이다. 그리고 성인의 집안에서 가정을 바로잡은 일을 유정기 집안에 비유하는 것 자체가 말이 안 되는 일이라고 지적했다.[58]

김진규는 죽은 뒤 이혼이 불가능함도 말했다. 즉 이혼의 법은 원래 같은 집안에 살고 있는 것을 전제로 하여 만든 것이므로, 아내의 잘못이 확실하지 않다면 남편이 죽은 경우 이혼의 법을 베풀 대상이 없다는 것이다. 또한 이여는 유정기와 신태영은 사후 합장하고 같은 사당에서 제사를 받을 수 있기 때문에 이혼시켜야 한다고 주장하지만, 이미 따로 묘를 만들고 사당을 달리하면서도 이혼을 청하지 않은 경우가 있음을 상기시키면서 사후 합장 여부를 가지고 이혼의 가부를 결정할 수는 없다고 반박했다.[59]

김유경과 이여가 끌어댄 성비희 사건에 대해서도 반박했다. 즉 성비희는 시어머니에게 대들어 시어머니가 죽게 만들었으니 더할 수 없는 불순임이 확실하고, 또 불순은 칠거지악의 첫머리를 차지하는 중대한 죄다. 하지만 당시 성비희에 대한 유현과 선조先朝(현종顯宗)의 처분이 이혼에 이른 것은 아니었다. 그것은 법률에 없기 때문이었다. 따라서 신태영의 참소를 성비희의 죄보다 무겁다 하여 이혼시킬 수 없다는 주장이다.[60]

마지막으로 김진규는 사건 전체를 다시 반추했다. 첫째, 유정기가 처음 불효와 실행의 죄목으로 신태영을 성토하자, 한 대관臺官(곧 임방)이 명백한 조사를 청하지 않고 성급하게 이혼을 요청했고, 이어 동료 대관(대사헌 송상기)과 예관禮官(예조 판서 민진후)의 반박으로 마침내 조사를 벌였으나 옥사가 이루어지지 않아 전에 요청한 것(곧 이혼)이 모두 허사로 돌아가고 말았다고 지적한다. 사건은 이것으로 끝나야 옳았을 것이다.[61] 사실 임방이 신태영을 조사할 필요 없이 먼저 이혼시켜야 한다고 주장한 것은 마땅하지 않았고, 조사가 이루어진 뒤에 그의 주장과 사실이 맞지 않았다는 것이 대체적인 여론이었다.[62] 하지만 유정기는 오랜 세월이 지난 뒤 다시 구욕構辱의 죄(참소의 죄)를 첨가하여 억지로 이혼을 요청하여 동일한 사람, 곧 신태영에 대해 그 죄명을 바꾸었고, 김 유경은 또 유정기가 죽은 뒤 법례法例를 돌아보지 않고 다시 의논할 것을 요청하였으니, 모두 '어떤 의도에서 이루어진 일'이라는 것이다.[63] 이여의 말은 비록 이 경우와는 달라 근거하고 있는 것이 윤강倫綱이지만, 신태영에 대한 증오가 지나쳐 마침내 자신이 부부·모자·적첩의 윤리에 대해 적절하게 헤아리고 법률을 엄격히 지킨 것과 끝내 맞지 않게 되었다는 것이다.[64]

마지막 논란

———

　김진규가 상소의 말미에서 신태영 사건을 개괄하면서 애초 임방이 조사도 하지 않은 채 이혼을 청한 것을 잘못이라고 말하자, 당시 호조 참판으로 있던 임방이 발끈하여 5월 18일 상소를 올렸다. 임방의《수촌집》에 실려 있는 〈공조 판서 김진규의 상소로 인해 신태영의 일을 논하며 사직하는 상소〉[65]가 그것이다. 임방은 먼저 김진규가 지목한 대관, 즉 유정기가 신태영을 성토할 때 조사도 없이 성급하게 이혼을 요청한 대관은 자신이라면서 자신이 이혼을 요청할 수밖에 없었던 이유를 다시 나열한다.

　임방도 이여와 마찬가지로 윤리적 관점을 택한다. 그는 삼강오륜 중 부부가 첫 자리를 차지하는 것에 비상한 의미를 부여한다. 즉 부부가 있어야 부자가 있고 부자가 있어야 군신이 있기에 삼강오륜 중 부부의 윤리가 가장 중요하다는 것, 따라서 부부의 윤리가 문란해지면 삼강오륜이 무너지고, 사람이 사람 구실을 못하게 되고, 나라는 나라 구실을 못하기에 풍화를 책임지는 사람은 부부의 윤리를 가장 중요하게 취급해야 한다는 것이다. 새삼 부부의 윤리를 중시해야 한다는 논법이 신태영을 부부의 윤리를 파괴한 인물로 몰아가기 위한 전술임은 두말할 필요도 없다. 이 논리에 바탕을 두고 자신이 사헌부 장령으로 있을 때 신태영의 죄악을 듣고 곧바로 이혼을 청하여 허락을 받았으나 예관의 진달로 인해 조사를 먼저 하라는 명이 있어 이혼의 명이 정침되었다는 것을 말한다.

임방은 자신이 신태영의 조사를 선행하지 말자고 주장한 이유도 변명했다. 신태영의 죄악은 너무나 명백하게 드러나 다시 조사할 필요가 없다는 것, 또 조사를 하려고 해도 조사할 곳이 없다는 등 과거의 논리를 다시 되풀이한다. 그리고 송상기의 건의를 따라 조사가 이루어지자, 신태영이 유정기의 죄를 날조해낸 것이 끝이 없을 정도라 신태영의 너무나도 도리에 어긋나는 실정이 남김없이 드러났고, 이에 근거해 그의 평소 행실이 극히 어긋나고 어지러웠음을 알 수 있었다고 말한다. 하지만 이혼은 허락되지 않았고, 결국 귀양을 가게 되었다고 한다.

임방은 과거의 논리를 반복하면서 유정기가 죽은 뒤 이혼을 시키지 않는 것 역시 잘못된 것이라 지적한다.

신태영은 이미 그 남편과 관계를 끊었는데도 유정기로 하여금 감히 그 아내와 관계를 끊을 수 없게 만들었고, 지금 유정기가 죽은 뒤에도 여전히 그러하니 강상의 파괴가 이보다 심할 수 없습니다. 부부의 윤리가 어찌 죽고 사는 데 따라 다를 수가 있겠습니까? 신태영을 이혼시킬 수 있는 것은 예와 율律을 살펴보고 의리로 헤아려보더라도 너무나도 명백한 일이어서 조금도 의심할 여지가 없습니다. 하지만 조정의 의논이 갈라져 시비가 정해지지 않고, 성명聖明의 영단으로도 이미 내리신 명을 거두시어 지금까지 결정이 나지 않고 있으니, 신은 개탄스럽고 그 이유를 이해하지 못하겠습니다.[66]

임방은 자신과 유정기가 서로 친밀한 사이이기에 앞장서서 신태영의 이혼을 청했을 것이라는 의심에 대해서도 변명했다. 즉 자신이 당초 논계한 것은 범범하게 풍문을 들은 것이 아니고, 유정기의 말을 들어서 한 것도 아니었다고 말한다. 임방은 자신의 형인 임좌任座의 서울과 향리의 집이 모두 유정기 거처 옆에 있었다고 한다. 이웃으로서 자연스럽게 신태영의 패악하고 윤리 없는 언행을 직접 보고 들은 사람이 있었던 바, 그 괴악한 행위가 한두 가지가 아니었다는 것이다. 따라서 소문이 시끄럽게 전해지고 사람들이 모두 팔뚝을 휘두르며 분노를 터트렸기에 자신이 그것을 아주 자세히 들을 수가 있었고, 또 마음속으로 통분해한 것이 오래였다는 것이다. 그래서 늘 사람들에게 나라의 예와 법을 조금이나마 밝혀 이 여자를 내쫓고 이혼을 시켜 윤리를 바로잡아야 한다고 말해왔다는 것이다. 그러다 때마침 사헌부 장령이 되어 맨 먼저 그 일을 논했던 것이니, 사사로운 뜻은 전혀 없었다는 것이다. 이 말 자체가 임방이 스스로 유정기와 가까운 사이라는 점을 의식하고 있는 것이다.

임방이 신태영을 이혼시켜야 한다는 말을 꺼낸 것을 두고 사람들의 말이 없지 않았던 것이다. 그도 그런 소문을 의식하고 이렇게 말한다. "세상에서 신을 비방하는 사람들은 신이 유정기와 서로 친하기에 그의 말만 치우치게 듣고 그런 계사를 올렸다고 합니다."[67] 하지만 자신은 오직 윤리와 풍습을 교화하기 위해서 논했을 뿐이고, 결코 유정기의 거짓말을 듣고 계사를 올린 것이 아니라고 주장한다.[68] 이런 주장 위에서 그는 김진규가 한 '어떤 의도에서 이루어진 일'이라는 말은 자신을 비방하는 여론餘論에서 나온 것이라고 단정한다. 임방은 자신이 지금 변명하지 않으면 자신이 맨 처음 올렸던 계사가 사심에서 나온 편언偏言

이 될 것이라면서 숙종에게 판단해줄 것을 요청했다.[69] 하지만 임방의 말을 액면 그대로 믿을 수는 없다. 유정기가 그의 친밀한 벗이 아니라면, 또 유정기에게서 신태영에 대해 듣지 않았다면, 과연 조사 없이 이혼을 요청했을지는 의심스럽다. 또 임방은 유정기가 예일을 비첩으로 취하고, 예일에게 살림을 넘긴 일에 대해서는 결코 말하지 않는다.

5월 20일 김우항은 왕이 대신과 비국 당상을 인견할 때 입시하여 신태영의 일을 꺼냈다. 김우항과 숙종의 대화를 들어보자.

> 김우항: 신은 품정稟定할 일이 있습니다. 접때 인가人家의 첩손妾孫의 상제喪制와 신태영의 이혼 건에 대해 서울에 있는 대신들에게 수의하게 한 뒤 이 판부사의 헌의가 타당하다고 하교하셨습니다. 하지만 또 김진규의 상소에 대한 비답에서 외방의 대신과 유신에게도 수의하게 하라고 하셨습니다. 그러므로 예관에게 내려 보낸 수의가 올라온 뒤 성상께서 재단하실 것을 우러러 청하였더니, "알았다."고 전교하시고, 상제 건은 이 판부사의 의논을 따라 시행하고, 신태영의 일은 전교가 없었습니다. 이 한 가지 일은 감히 상세히 알지 못하나, 김진규의 상소가 또 예관과 옥관獄官에게 두루 수의할 것을 청하였습니다만, 신의 생각으로는 이미 대신과 유신에게 수의하였으니, 오직 성상께서 재량하시는 것이 어떠냐에 달려 있을 뿐입니다. 또 어찌 예관과 옥관에게 두루 수의하는 일이 있어야 하겠습니까?
>
> 숙종: 당초에 공조 판서 김진규의 상소에서 이미 대신과 유신에게 수의할 것을 청하였고, 예관과 옥관에게 두루 의논하게 하였으므로 상제 건은 이 판부사의 의논에 의해 시행하라 하교하였으나, 신태영의 일은

아직 결정하지 못하였다.

김우항: 여러 대신과 유신이 이미 의견을 올렸으니, 다시 예관과 옥관에게 수의한다면 사체가 미안할 듯합니다.

숙종: 아뢴 바가 어떠한가?

이유: 신은 수의에 참가하였습니다. 신의 헌의는 본디 취할 만한 것이 없지만, 다른 대신이 논한 바는 반드시 성상의 뜻에 맞는 것이 있을 터이니, 성상께서 참작하여 취사하는 것이 사체에 마땅하겠으므로 예관이 이처럼 진달한 것입니다. 두루 수의하자는 의견은 대개 더욱 상세히 살피자는 뜻에서 나온 것이니, 널리 여러 사람의 의견을 들어보는 것도 무방하겠습니다. 오직 성상께서 재량하시는 데 달려 있을 뿐입니다.

숙종: 예관과 옥관이 정식으로 모여서 의논해 타당한 결론을 얻는 것이 방해됨을 알지 못하겠다. 이에 의거해 하는 것이 좋겠다.[70]

예관과 옥관의 상의가 끝나기 전 5월 21일 이여가 다시 김진규의 상소를 반박하였다.[71] 《숙종실록》보다 《수곡집睡谷集》에 실린 자료가 훨씬 상세하기에 《수곡집》 쪽을 인용한다.[72] 이여는 김진규의 상소에 대해 일일이 변론하지 않고, 큰 줄거리만 지적했다. 여기서 이여의 속내가 드러난다. 이여는 먼저 '신태영의 참소가 이유 없이 남편의 지난 잘못을 고소한 것과 달라서 곧바로 남편을 무함한 것으로 판단할 수 없다'는 김진규의 견해를 반박한다. 이것은 윤리를 손상시키는 견해라는 것이다. 이여는 부부의 윤리가 삼강의 하나라는 점을 특별히 강조한다. 즉 부부의 윤리가 삼강에 해당하는 것이라면, 아내가 남편의 잘못을 고소하거나 자식이 아비의 잘못을 고소하거나 그 하늘의 뜻을 거스르고 사람의 법도를 파괴하는 것은 왕법王法으로 반드시 죽여야 하는 죄라는 것이다.[73] 곧 아버지-아들, 임금-신하의 관계처럼 남편-아내는 상하적 관계이며, 하위자가 상위자의 잘못을 결코 외부로 들추어낼 수가 없다는 것이다. 이여는 여기에 '단서가 있고 없고는 논할 바가 아니라'는 특별한 말을 한마디 덧붙인다. 자식이 아비의 죄를 고할 만한 특별한 계기나 사건이 있더라도 자식은 영원히 아비의 잘못을 들추어낼 수 없고, 들추어낸 것만으로도 자식은 죽어야 한다는 것이다. 이 논리에 의하면 아비가 어미를 아무리 폭행해도, 혹은 아비가 딸을 성폭행해도 자식은 아비의 죄악을 법정에 세울 수 없다.

김진규는 앞에서 신태영이 유정기의 추잡한 행실을 고소한 것(참소한 것)은 자신의 죄를 변명하는 데서 나온 것이라고 주장하여 의도성이 없는 것으로 판단했지만, 이여는 반대의 입장을 취한다. 그는 이렇게 말한다. "하물며 신태영이 남편의 추잡한 행실을 고소한 것이 그가 자신의 죄를 발명할 때 과연 그만둘 수 없는 것이었겠습니까?" 고의성이 있다는 것이다. 따라서 노여움 때문에 감추어진 사특한 일을 폭로한 정상이 명확한데도 김진규가 함해陷害한 것이 아니라고 하는 것을 이해하지 못하겠다고 반박한다. 이 점에 있어서 김진규가 너무나 가볍게 생각하는 오류를 저질렀다는 것이다.[74]

이여는 김진규가 자신에게 편중된 점이 있다고 한 것도 반박했다. 즉 부자가 서로 고소하거나 부부가 서로 미워한 경우, 죄가 자식과 아내에게 돌아가는 것이 고금의 '통의通誼'인데, 김진규는 의금부에서 바친 신태영 공초의 패악함에 대해서는 오로지 의율議律이 너무 무거울까 우려하고, 유정기 부자 집안의 은밀한 행실을 들추어낸 것에 대해서는 신태영이 그 남편에게 유감을 풀려는 말로 죄안을 단정하려고 하였으니, 그것은 성왕의 '형벌로 교화를 돕는[以刑弼敎]' 뜻이 아닐 것이라고 주장한다. '호종적형'에 대해서도 김진규의 견해를 반박하고, 호종적형이 실재했다고 말한다. 즉 신태영이 정처는 이혼을 금한다는 것을 믿고 마구 패역질을 했으니 그것이 곧 '怙'이고, 한 번 남편의 악을 고발한 것도 부족하여 거듭 고발했으니 그것이 '終'이라는 것이다.[75]

이여의 견해가 전과 달라진 점은 유정기의 과오를 약간 인정했다는 것이다. 그는 비록 예일을 언급하지는 않았지만, 유정기가 집안을 바르게 다스리지 못한 죄가 있었던 것은 인정했다. 이것은 아마도 김진규의 거듭된 지적을 어쩔 수 없이 수용한 것으로 보인다. 하지만 신태영의 패악이 이 지경에 이르렀는데도 부부의 관계를 유지시키는 것은 '남편은 남편답게, 아내는 아내답게'를 추구하는 교화가 될 수 없다고 말한다.[76]

이여는 이혼은 드물게 있었지만 그렇다고 해서 이혼에 관한 법이 없는 것은 아니며, 뒷날의 폐단을 염려하지만 악처패부惡妻悖婦가 남편의 집을 어지럽히는 것이 더 큰 폐단이 되는 것을 고려해야 한다고 주장한다.[77] 이여는 병자호란 때 잡혀갔던 여성의 실절失節이 실행失行과는 다르다는 이유로 이혼을 허락하지 않다가 효종 때 여러 유현이 조정에 모여 여성이 죽었거나 살았거나 가리지 않고 모두 이혼하여 관계를 끊게 했던 것을 떠올린다. 그는 당시 유현들이 살아 있다면 신태영의 경우 이혼 여부가 어떻게 결정될 것인가라고 반문한다.[78] 이여는 한 가지 입장에서 출발한 것이다. 그는 "아버지와 자식이 서로 고소하는 경우 그 죄가 자식에게 돌아가고, 남편과 아내가 서로 미워할 경우 그 죄가

아내에게 돌아가는 것이 고금의 통의"라는 것이다.[79]

　유정기의 이혼 요청에 대한 결론이 난 것이 언제였는지는 분명하지 않다. 하지만 위의 기록을 끝으로 그 이상의 논란은 보이지 않는다. 다만 5월 20일 김우항의 말에 대신과 유신이 의견을 올렸다고 했는데, 그 의견의 내용은 권상하의 것만이 남아 있다. 곧 《승정원일기》 숙종 39년 5월 15일(1/1)조에 신태영 사건에 대한 대신의 의견을 보고하는 계사가 있는 것이다. 이 의견 보고는 앞쪽에 빠진 부분이 있어 주체를 알 수가 없다. 그런데 이것은 권상하의 문집에 실린 〈첩손妾孫이 그 조모를 위해 대신 상복을 입을 수 있는지의 여부와 신태영 사건에 대한 헌의〉[80]이다. 이 헌의는 두 부분으로 이루어져 있는데, 신태영의 문제는 후반부 쪽에 실려 있다. 내용은 간단하다. 신태영의 문제에 대해 자신은 다른 견해가 없고, 예법으로 판단하여 의리가 엄정한 이여의 견해가 옳다고 본다는 것이다.[81] 이로부터 20일 남짓 지난 뒤인 윤5월 8일에도 김우항이 의견을 올렸다. 김우항은 유정기가 말한 신태영의 여러 행위는 믿을 만한 증거가 없지만 조사 과정에서 신태영이 보인 태도와 말은 너무나도 사리에 어긋난 것이어서 이혼시켜 마땅하지만, 그 당시 적용할 만한 법이 없었기에 특별히 귀양을 보낼 수밖에 없었으니, 남편이 사망한 지금 이혼을 하게 하는 것은 어렵다고 말했다. 결국 이혼을 시킬 수 없다는 말이었다.[82]

　김우항이 남긴 자료가 신태영의 이혼에 대한 최후의 공식적 발언인 셈이다. 이후 조정에서 신태영의 이혼을 거론한 자료는 현재 보이지 않는다. 이 사건은 아마도 가·부의 논쟁이 진행되다가 결국 불허하는 쪽으로 결정이 난 것으로 보인다. 뒷날 부수된 논란은 약간 있었다. 권상하는 어떤 사람에게 답하는 편지에서 신모申某란 사람이 자신을 찾아와 유언명이 계모, 곧 신태영의 상에 상복을 입지 않은 사실을 말하면서 대감(누구인지 미상)의 뜻을 전하고 그것이 옳은지 그른지를 물었다고 한다. 이에 대해 권상하는 신태영의 죄에 대해서는 외인이 알 바 아니지만, 그녀가 의금부에서 유정기의 허물을 폭로한 것 자체가 이미 스스로 유정기와의 관계를 끊은 것이므로, 유언명은 신태영에 대해 상복을 입을 필요가 없다고 답했다. 더욱이 유정기가 살아 있더라도 신태영을 위해 기년복을 입지 않았을 것이니, 아버지도 입지 않는 상복을 유언명이 입을 수는 없다는 것이다.[83]

3장

9년간의 이혼 소송은
무엇을 남겼는가

이혼에 관한 두 가지 입장

———

신태영-유정기의 이혼 사건에 대한 자료를 읽어나갈 때 우리가 구성할 수 있는 것은 이혼의 허락 여부를 둘러싸고 두 차례에 걸쳐 일어난 조정의 논란 과정이 될 것이다. 유정기 쪽의 생각과 의도는 그를 대변하는 여러 사람의 주장 속에서 비교적 쉽게 찾아볼 수 있다. 하지만 신태영의 생각과 의도는 복원하기 어렵다. 그것을 엿볼 수 있는 자료가 극히 제한적이기 때문이다. 또 자료의 성격상 두 사람의 주장의 진위도 모호하기 짝이 없다. 따라서 주어진 자료로는 상반된 주장의 진위 여부를 가리는 것이나 사건을 구체적으로 재현하는 것은 매우 어렵다. 게다가 중요한 것은 이 사건의 의미가 아닐까? 신태영-유정기 이혼 사건의 의미를 따지기 위해 이 사건의 두 가지 견해를 요약해보자.

신태영과 유정기의 이혼을 강력히 주장한 사람은 정호와 임방과 이여였다. 이들은 시부모에 대한 신태영의 불효와 제주에 오물을 섞은, 가부장제의 상징적 장치들을 훼손하는 행위를 증거로 내세웠다. 하지만 증거로 채택되지 않았다. 정호의 〈고판관유공묘지명〉은 신태영의 불효를 유정기의 누이와 시어머니 등의 말로 입증하고자 하지만 그 역시 신뢰하기 어렵다. 그것은 기본적으로 친구인 유정기의 입에서 나온 것이기 때문이다. 또 제주에 오물을 섞은 행위는 유정기 외에는 직접 본 증인이 없어 증거로 채택될 수 없었다. 다만 신태영이 유정기를 모욕한 행위는 인정되었다. 임방과 이여는 이것만으로도 신태영을 처벌하고 이혼시킬 수 있다고 주장했다. 이들이 사실에 기초한 객관적 증거와 법에 근거한 논리적 추론에 의하지 않고 줄기차게 처벌과 이혼을 주장한 것은 신태영에 대한 정서적 분노 때문이었다. 남편을 무시하고 가부장적 권위에 복종하지 않은 여성에 대해 참을 수 없었던 것이다.

정호와 임방, 이여의 대척 지점에 이이명과 김진규 등 다수의 이혼 반대파가 있었다. 이들 역시 신태영이 남편 유정기를 모욕한 것은 인정하였다. 하지만 그것으로는 이혼이 불가능하다는 것이었다. 이들은 무엇보다 사실에 기초한 객관적 증거와 법적 근거를 중시했다. 이들에 따르면 신태영에게 씌워진 모든 증거는 근거가 박약한 것이었다. 또한 남편의 요구만으로 이혼을 허락하는 법 자체가 없었다. 사실에 대한 엄밀한 확인 없이, 법률에 의지하지 않고 이혼을 허용한다면 결국 가부장적 권력에 의한 정처正妻의 무제한적 축출을 가능하게 하고, 최종적으로 유교적 가부장제의 존립을 위태롭게 할 것이다.

이혼을 둘러싸고 대립하는 두 견해는 공히 유교적 가부장제에 입각한 것이었다. 다만 전자가 가부장제에 대한 도전에 정서적으로 반응한 것이라면, 후자는 이성적인 판단에 입각한 것이라고 말할 수 있다.

논란의 결과는 이혼을 불허하는 것이었지만, 신태영-유정기의 이혼이 제기하고 있는 문제 자체를 해결한 것은 아니었다. 그것은 유교적 가부장제가 드러낸 모순을 미봉한 것에 불과하였다. 신태영-유정기의 이혼이 제기한 문제는 조선 사족 체제의 성격에서 비롯된 것이었다. 유교적 가부장제에 입각한 단계적 부계 친족제와 노비제가 모순의 원인을 제공하고 있었으니, 그것이 제거되지 않는 이상 이 문제는 조선조가 끝날 때까지 계속 내연內燃하였던 것이다. 이 문제를 상론해보자.

갈등의 원인, 비첩

————

신태영-유정기의 이혼을 둘러싼 논의가 이토록 복잡했던 것은 그것이 조선 사족 체제의 근본적인 성격에서 온 것이기 때문이다. 그 성격은 두 가지로 요약할 수 있다. 첫째, 유가적 가부장제에 의한 단계적 부계 친족제와 그것의 하위 제도인 시집살이, 둘째, 노비제에 근거한 처첩제가 그것이다.

먼저 신태영-유정기의 이혼 사건이 유교적 가부장제가 전면적으로 정착되는 시점에서 일어났다는 점에 주목해보자. 1300년 전후 성리학이 한반도로 들어오고 100여 년이 지난 1392년 성리학을 이데올로기로 삼는 유교국가 조선이 탄생했다. 그동안 개인을 성리학으로 의식화하고, 국가와 사회 제도를 성리학으로 구성하는 과정이 있었다. 그중 무엇보다 중요했던 것은 친족제를 바꾸는 것이었다. 고려조까지 전통이었던 공계적 친족제(혹은 양변적·양측적 친족제)에서 단계적 부계 친족제로 이행하는 것, 다시 말해 더욱 강력한 유교적 가부장제로의 전환이 일어났던 것이다. 이것은 상대적으로 여성의 지위를 낮추었다. 무엇보다 개인을 사회적으로 파악할 때 아버지의 계통[父邊]이 중요했으며, 어머니의 계통[母邊]이나 아내의 계통[妻邊]은 아버지의 계통에 비해 중요도가 현저히 떨어졌다. 이것은 여성의 사회적 지위가 하락함을 의미한다. 또한 장자 우대 상속제가 성립하면서 여성은 재산의 분배에서 배제되었고, 결혼 뒤 여성은 남성의 집으로 가서 시집살이를 해야만 하였다. 이것이 본격적으로 정착된 것은 임병양란을 거친 17세기 중반 이후에 와서다. 신태영-유정기의 이혼 사건은 1690년대에 일어났으니, 단계적 부계 친족제로의 이행이 한창 이루어지던 참이다. 신태영-유정기의 이혼 사건에서 우리는 이제 막 유가적 가부장제에 '갇힌' 여성의 상황을 짐작할 수 있을 것이다.

두 번째 조건, 곧 노비제에 근거한 처첩제 역시 신태영-유정기 이혼 사건에 근본적인 원인을 제공했다. 1690년 유정기가 신태영을 내쫓았을 당시 내건 명분은 시부모에 대한 불효, 유정기에 대한 모욕적 발언, 제주에 오물을 섞은 행위 등이었지만, 그것이 실제 발생했다는 것을 유정기는 입증할 수 없었다. 목격한 사람이 없었을 뿐만 아니라, 유정기 쪽에 유리한 증언을 한 사람도 없었다. 또 유정기는 칠촌인 유명뢰의 원정초를 조작하려고 했으니, 자신이 내세운 축출 명분이 객관성을 잃고 있음을 알았던 것으로 보인다.

원래 신태영과 유정기는 금슬이 나쁘지 않았다. 신태영은 1678년 유정기와 결혼했고, 이후 서로 실행한 일, 곧 부부 외의 다른 사람과 성적 관계를 가진 일도 없이 지내며 다섯 명의 자식을 낳았다. 이것은 그들이 안정적인 관계를 유지하고 있었음을 의미한다. 그러나 유정기는 1690년 신태영이 시부모에게 불효했고, 자신에게 폭언·욕설을 했으며, 제주에 오물을 섞는 등의 행위를 했다는 이유로 신태영을 내쫓았다. 10년 동안 안정적인 결혼 상태를 유지하다가 갑자기 신태영이 패악한 행동을 한 것은 이해가 되지 않는다. 정호의 〈고판관유공묘지명〉은 "하루는 공이 제사에 관계된 일로 나무라고 타이르자 신녀는 화를 내고 욕을 내뱉어, 위로 돌아가신 부모에까지 미쳤다."라고 하고 있는

데, 어디까지 사실인지는 알 수 없지만 신태영이 유정기와 다투면서 거친 언사를 썼을 것이라는 점은 충분히 짐작할 수 있다. 그런데 '제사에 관계된 일'로 '나무라고 타이른' 유정기의 말이 계기가 되어 신태영의 분노가 폭발했다는 정호의 말은 사실인 것인가? 그런 일로 인해 갑자기 분노를 폭발시키며 시부모를 모욕했다는 것은 쉽게 납득할 수 없다. 문제의 본질은 '제사에 관계된 일'이 아니고, 원래 쌓여 있던 신태영의 분노가 '제사에 관계된 일'과 유정기의 발언으로 폭발했다고 보는 것이 타당할 것이다.

분노가 쌓인 원인은 비첩 예일의 존재에 있었다. 유정기 자신은 물론이고, 유정기를 대신해 조사 없이 신태영과 유정기를 이혼시켜야 한다고 주장한 임방, 〈고판관유공묘지명〉을 쓴 친구 정호 등은 예일에 대해 전혀 언급하지 않았다. 이들은 일부러 비첩 예일의 존재를 숨긴 것이다. 신태영의 패악한 행동을 비난했지만, 그 행동이 불거진 이유에 대해서는 침묵했던 것이다. 그들은 사건의 원인을 신태영의 원래 패악하고 이상한 성품에서 찾았지만, 그것은 타당한 이유가 될 수 없었다.

예일의 존재는 신태영이 의금부의 조사에서 처음 발설한 것이었다. 신태영은 1678년 결혼 이후 1688년까지 부부 사이에 '실행失行'한 바가 없었다고 말한다. 즉 11년 동안 유정기와 신태영은 다른 사람과의 성관계가 없었고, 다섯 명의 자녀를 낳았다. 성관계도 원만했던 셈이다. 그런데 1688년 유정기는 예일에게 홀려서 불과 2년 뒤인 1690년에 신태영을 집에서 쫓아내었던 것이다. 유정기는 1645년에 태어났으니 1688년에 44세였다. 장년으로 접어들고 있었다. 그는 11년 동안 다섯

명의 자녀를 낳은 신태영에게 더는 성적 매력을 느끼지 못했을 가능성이 크다. 이에 반해 예일은 유정기 집안의 사비私婢로서 신태영보다는 훨씬 젊었을 것이다. 또 신태영이 유언명의 집에서 유정기와 다투고 밤에 집을 나갔을 때 따라갔다고 하니, 그녀는 어쩌면 신태영이 축출되기 전 집에서 부리던 몸종이었을 가능성도 있다. 유정기는 예일에게 별 관심을 두지 않고 있다가 신태영과 권태기에 빠지자 그녀를 비첩으로 삼았을 가능성이 높다. 장년으로 접어든 유정기가 아마도 젊었을 예일에게 홀렸던 것은 자연스럽다. 하지만 그것이 정처인 신태영에게는 엄청난 고통이자 분노의 근거가 되었다.

유정기와 같은 남성-사족이 자신의 소유물인 여종의 성性을 수탈하는 것은 특별한 일이 아니었다. 그것은 윤리의 외피를 쓴 유교적 가부장제가 원래 내장하고 있던 욕망이었고, 그만의 유별난 행동이 아니라 사족 체제의 관습에 따른 것일 뿐이었다. 이런 이유로 사족 체제의 관습에 대해 거론할 필요가 있다. 사족 체제의 가부장적 욕망은 남성의 성적 욕망을 확장시키려 하는 한편, 여성의 성적 욕망은 억압·통제하려 하였다. 가부장적 욕망은 한편으로는 처첩제를 통해서, 한편으로는 '열녀'의 제작을 통해서 실현되었다.

후자의 경우를 먼저 살펴보자. 고려시대까지는 열녀 대신 절부節婦만 있었다. 절행節行은 여성이 공인된 성적 파트너인 남성(대개의 경우 남편)이 없더라도 다른 남성과 영원히 성관계를 갖지 않음을 실천하는 것이었다. 재혼은 당연히 절행을 훼손하는 것이었다. 하지만 이것이 여성만의 의무는 아니었다. 배우자를 잃었을 경우 재혼하지 않는 남성 역시 존중받았다. 그들을 의부義夫라 부르고 절부처럼 표창했던 것이다. 하지만 의부는 조선에 와서 사라지게 된다.

조선 초기의 《실록》에는 사족 간의 간통 사건이 광범하게 발견된다. 성적 행위는 상대적이므로, 사족 간의 간통은 여성이 성적으로 개방된 상태에 있었다는 것을 의미하기도 한다. 국가권력을 장악한 남성-사족은 배우자의 성적 개방성을 통제하는 한편, 자신의 성적 욕망은 더욱 확장할 필요가 있었다. 그들은 《경국대전》에서 '절부'는 남기고 '의부'에 대한 표창을 삭제하는 한편, 여성의 재혼을 음란으로 규정하였으며, 《삼강행실도》〈열녀편〉에서 여성이 남성에 대한 성적 종속성을 실천하기 위해 자신의 신체를 훼손하거나 죽음을 택한 '열행'을 실천하는 '열녀'를 발명하였다. 모든 것은 여성의 성적 욕망의 실현을 통제하려는 것이었다.

이에 반해 남성의 성적 욕망은 무한히 확장할 수 있었다. 초기 《실록》에는 두 명 이상의 정처와 결혼한 중혼 사례가 엄청나게 발견된다. 어느 쪽을 정처로 인정할 것인가를 둘러싸고 오랜 기간 논란이 있었으며, 결국 먼저 결혼한 사람을 정처로 인정하는 것으로 정리되었다. 아울러 중혼을 막기 위해 《경국대전》의 '이이離異' 조를 만들었다.[1] 중혼은 불법이 되었지만, 중혼의 배후에 있던 성적 욕망을 충족시킬 수 있는 방법은 많았다. 노비제가 그것이다. 조선 전기에는 전체 인구의 30~50퍼센트가 노비였다. 노비의 역할은 생산노동을 담당하는 것이었지만, 그중 여성 노비, 즉 계집종은 노예주의 성적 욕망의 대상물이기도 하였다. 이것은 노예제 시대의 미국에서 흑인 여성 노예가 남성 노예주의 성적 대상물이었던 것과 전혀 다르지 않다.

노비에는 관노비官奴婢와 사노비私奴婢가 있다. 관노비는 국가와 관청에서 소유한 노비로서, 이 중 여성 노비의 일부는 남성-사족에게 춤과 노래 같은 예능, 그리고 성性을 제공하기 위해 존재하였다. 기녀가 바로 그것이다. 이 중에서 더욱 중요했던 것은 후자다. 예컨대 지방 관아에 소속된 기녀는 지방관의 성적 욕망을 해소하기 위한 방편으로 존재하였다. 즉 법은 지방관이 가족과 함께 임지에서 사는 것을 금하고 있었기 때문에 지방관의 성적 욕망을 처리할 방편으로 기녀 제도를 두었던 것이다.[2]

남성-사족이 손쉽게 성적 욕망을 실현할 수 있는 대상은 관비보다는 사비였다. 사비는 자신의 여종일 수도 있고, 타인의 여종일 수도 있었다. 하지만 대부분의 성적 관계는 자신의 소유물인 여종과 이루어졌다. 조선 초의 색담집色談集에 실린 이야기 두 편을 보자.

(1)
어떤 선비 하나가 기생을 아주 사랑했다.

아내가 그에게 물었다.

"사내가 아내에게는 야박하고, 창기娼妓에게 빠지는 것은 무슨 이유에서인가요?"

선비가 말했다.

"아내는 서로 공경하고 분별하는 의리가 있어 존중할 뿐, 무람없이 굴 수는 없는 법이지. 하지만 창기에게는 정욕을 마음대로 드러내고 못할 음탕한 짓거리가 없다오. 공경하면 서로 소원해지고, 무람하면 친해지는 법이니, 이치가 원래 그런 것이라오."

아내가 발끈 화를 내었다.

"내가 공경을 받으려 했던가요? 내가 분별이 있어야 한다고 했던가요?" 아내는 남편을 난타하여 마지않았다.[3]

(2)

양씨楊氏 성의 선비가 있었다. …… 집안에 계집종이 있어 그녀를 간음하고자 하였다. 일부러 복통이 있다고 하여 몰래 의원에게 처녀와 발바닥을 맞추면 즉시 낫는다고 말하게 하자, 아내가 믿고 허락하였다. 또 사내종의 아내와 간음하려고 하였는데, 사내종이 그 낌새를 알아차리자 사내종을 속여 담장 위에 묶고는 그의 아내와 간음하였다.[4]

(1)은 남성-사족의 성적 욕망의 문제를 날카롭게 건드리고 있다. 기녀와의 성적 관계에 탐닉하는 이유는 정처에게 행할 수 없는 성적 욕망을 실현할 수 있기 때문이다.

(2)는 여종과의 성관계를 마치 취미처럼 여기는 성적 욕망의 확장성을 보여준다. 하지만 (2)는 처가살이하에서 쓰인 것이다. 양씨 성의 선비는 아내의 감시 아래 있었기에 아내를 속여서 계집종과 성관계를 갖는다. 그리고 사내종을 속여 제압하고 그의 아내와 성관계를 갖는다. 이런 이야기는 워낙 흔한 것이어서 별반 희한할 것도 없다. 여종은 남성-사족의 좋은 먹잇감이었다. 자신의 소유물이었으니까 말이다. 사비나 관비에게서 난 자식을 면천免賤시켜주는 경우도 있었지만 예외적 소수일 것이고, 대부분은 노비가 되었다. 비윤리적이고 몰인정한 일이지만 남성-사족 체제는 본래 그렇게 작동하는 것이었다.

남성-사족과 여종의 관계가 남성-사족이 일방적으로 여종의 성을 강제로 빼앗고 여종은 완전히 수동적인 관계였다면 복잡한 문제는 발생하지 않았을 것이다. 여종은 소수자 중의 소수자였지만 인간으로서 주체이기도 하였다. 즉 여종의 입장에서도 이 문제를 볼 필요가 있는 것이다. 여종의 입장에서는 주인 남성과 지속적 성관계를 가지고 애정의 대상이 될 경우, 천인의 신분을 벗어나지는 못하더라도 일단 노비의 고된 생활에서는 벗어날 가능성이 있었다. 이런 이유로 주인 남성과 여종 사이에는 성을 매개로 하여 여러 관계가 설정될 수 있었다. 거의 대부분은 주인 남성이 여종의 성을 강제로 빼앗는 경우이겠지만, 때로는 애정이 생길 수도 있었다. 그럴 경우 안정적인 성적 관계를 유지하는 관계, 즉 비첩으로 격상될 수 있었다.

비첩은 가부장적 친족 질서 속에 던져진 화약이었다. 그것은 적당한 계기가 있으면 언제나 폭발할 수 있었다. 비첩은 성적 수탈의 대상만이 아니라 인간으로서 주체이기도 했기 때문이다. 비첩의 입장에서는 주인 남성의 사랑을 받아 비첩이 된 것 자체가 대단히 중요한 기회일 수 있었다. 흔히 문헌에 '참소讒訴'라는 다분히 부도덕한 뉘앙스의 어휘로 등장하는 행위는 자신의 생존과 이익을 꾀하려는 비첩의 전략적 행위로 보인다. 다음 예를 보자.

승지공承旨公이 만년에 비첩을 두었는데, 억세고 사나워 법도를 따르지 않았으며, 평소 집에 있을 때는 법을 벗어난 일을 꾸미기 좋아하였다. 승지공이 늙어갈수록 무기력해져서 혹 전혀 예법으로 단속할 수 없게 되자, 참소하는 말로 이간질을 해대어 돌아가는 상황이 아주 위태하였기에 공이 늘 두려워하고 조심하였다. 승지공이 세상을 뜬 뒤 비첩이 승지공

을 꾀여 자기 소유로 만든 옛 재산에 대해 공이 일체 묻지 않으니, 비첩
또한 감복하고 기뻐하였다.[5]

　이항복李恒福(1556~1618)이 쓴 글이다. 여기에 등장하는 승지공은 홍
이상의 할아버지인 홍세경洪世敬, 공은 홍이상의 아버지인 홍수洪修다.
홍세경의 비첩은 홍세경의 가부장적 권력에 의지하는 존재였다. 홍세
경을 제외한 친족 구성원은 모두 적대적인 세력이었기에 자신이 살아
남기 위해서는 홍세경의 권력에 의지하여 재산을 차지하고 타인을 배
제하는 수밖에 없었다.
　남성-사족의 입장에서 비첩에게 애정을 기울인 것은 성적 관계를
확대하는 것이고, 대부분 젊은 여성의 성을 수탈하는 것이었겠지만,
비첩의 경우는 관심사가 달랐다. 부정적인 판단이기는 하지만, "첩은
주인의 한때 사랑을 기화로 삼아 자기에게 이로운 일은 하지 않는 것
이 없다."[6]는 말은 첩이 할 수 있는 행동의 본질을 정확하게 지적한 것
이라고 할 수 있다. 종 출신인 첩의 입장에서는 성적 욕망의 해소보다
는 신분의 상승, 그리고 그 상승을 지속시킬 수 있는 수단을 손에 넣는
것이 무엇보다 중요했다. 그것은 경쟁자인 정처를 소외, 내쫓은 뒤 가
사권家事權을 장악하고 재산을 차지하는 것으로 나타났다.
　《실록》을 위시한 문헌에 '남편이 정처를 소박했다'는 표현이 널리 보
이는 것은 바로 그런 사건이 실제 빈번하게 일어났음을 의미한다. 예
컨대 신태영의 이혼 사건이 진행되고 있던 17세기 후반에 일어난 사
건을 보자. 1675년 사헌부는 전 주부 신필상申必相과 그의 첩을 체포해
처벌하려고 하였다. 사헌부에서 전하는 사건의 개요는 다음과 같다.

신필상이 비첩에게 홀려 가도家道를 무너뜨리고 주모主母, 곧 정처를 저주하고, 정처의 동생을 독살하는 일이 있었다는 것이다. 신필상은 스스로 첩의 처벌을 원하여 고소장을 제출했지만, 즉시 첩의 딸을 시켜 억울함을 호소하여 처벌을 면할 수 있었다. 이에 사헌부에서 신필상의 정처의 아들과 동생의 아들의 원통함을 풀어주기 위해 첩을 체포하려 했지만, 신필상이 완강하게 막았다.[7] 이것이 사헌부가 신필상과 그 첩을 체포하려고 한 이유였다. 과연 사헌부가 주장하는 것처럼 살인까지 있었는지는 의문이다. 풍문을 듣고 신필상의 체포를 요구한 것이 잘못이라는 비난이 있었기 때문이다.[8] 하지만 비첩을 사랑하여 정처를 소박한 사실 자체와 그로 인한 격심한 분란이 있었던 것은 틀림없는 사실이다.

그런데 남편이 먼저 사망할 경우 비첩의 지위와 재산은 다시 문제가 되었다. 홍세경의 비첩이 홍세경 생전에 재산을 빼돌렸지만, 홍세경 사망 후 다시 빼앗길 것을 걱정하고 있는 데서 남편 사후 비첩의 재산이 문제가 되었던 사실을 짐작할 수 있다. 실제 그런 사례는 적지 않았을 것이다. 반양도정潘陽都正 이소李炤의 경우를 보자. 숭선군崇善君 이징李澂(인조의 5남)의 손자 이소는 숭선군의 방자 나인 초정草貞을 사랑하여 첩으로 삼고 정처 박씨를 20년 동안 소박한다. 1739년 이소가 죽자 박씨가 상차喪次를 찾아와 초정 모자의 의복·집물·전지 등을 빼앗고 내쫓는다.[9] 이처럼 비첩과 정처 사이의 소박과 축출, 재산을 둘러싼 분쟁은 사족의 집안에서 빈번히 일어나는 일이었으며, 이로 인한 분쟁이 끊이지 않았다.

유정기가 신태영을 쫓아내고 14년 뒤에 이혼을 제기한 것은 아마도 이와 관련이 있을 것이다. 신태영을 내쫓은 뒤 유정기는 가사권을 비첩 예일에게 넘겼다. 하지만 신태영은 여전히 정처로서의 법적 지위를 잃지 않고 있었다. 만약 유정기가 먼저 사망한다면 얼마든지 유정기의 집으로 돌아올 수 있고, 아울러 예일에게 복수할 수 있었다. 예일은 유정기의 눈에 들어 비첩이 된 뒤 자신의 입지를 굳히기 위해 신태영에게 불리한 말을 했던 것으로 보인다. 예일이 가사권을 넘겨받지 않았다면 모르지만, 가사권을 넘겨받았던 것은 확고부동한 사실이니, 예일이 유정기와의 관계에서 신태영에게 불리한 말을 하지 않았을 리는 없다. 또 그것은 소수자 중의 소수자인 비첩으로서의 생존 전략이기도 했을 것이다. 한편 유정기가 정식으로 예조에 이혼을 요청했던 것도 예일에 대한 배려 때문일 수 있다. 예일은 쫓겨난 신태영이 복귀할 가능성을 미리 말했을 것이고, 유정기는 자신의 사후에도 신태영을 영원히 복귀하지 못하도록 하기 위해서 거듭 이혼을 신청했던 것으로 보인다. 물론 유정기의 뜻처럼 이혼은 이루어지지 않았다.

저항의 의미

　이상에서 말한 바와 같이 신태영-유정기의 이혼을 둘러싼 복잡한 논란 과정은 유교적 가부장제에 내장된 남성-사족의 성적 욕망이 노비제를 통해서 실현되는 과정에서 발생한 것이다. 그 과정에서 유정기와 예일, 신태영 등은 각각 서로 다른 이해관계 속에서 행동한 것이다. 그렇다면 문제의 인물인 신태영이 반응한 방식은 어떤 의미를 지니고 있는 것인가?

　남성-사족이 정처 외의 여성, 곧 관비나 사비를 통해 성적 욕망을 확장하려 했던 것은 조선 시대 전체에 걸쳐서 관찰된다. 그러나 이에 대한 여성의 반응은 동일하지 않았다. 말하자면 1690년 신태영은 거친 언사로 분노를 표현하는 것 외에는 달리 어떤 행동을 하지 못하고 유정기의 집에서 쫓겨났다. 정작 신태영이 유정기를 곤경에 빠트린 것은 의금부에서 조사를 받으면서부터였다. 그런데 신태영이 1690년에 일방적으로 쫓겨난 것은 조선 사족 사회에서 여성의 일반적인 행동 양식이었던가? 이 문제에 대한 해답을 얻기 위해서는 조선 전기의 유사한 사례를 검토하지 않을 수 없다. 구체적으로 17세기 중반 이후 단계적 부계 친족제가 성립하기 전의 동일한 사태에 대한 여성의 반응을 검토할 필요가 있는 것이다. 다음 자료는 조선 전기의 《실록》에서 뽑은 것이다.

(1) 전 부사직副司直 신숙화辛叔和가 비첩을 사랑하자 비첩은 교만방자하게 정처를 업신여기게 되었다고 함. 장형 90대에 해당함. 공신의 후손이라 하여 직첩을 빼앗고 외방에 귀양을 보냄.[10]

(2) 감찰 성허成栩는 비첩을 사랑하여 정처를 소박했다는 등의 이유로 파직됨.[11]

(3) 전 부사정副司正 김달지金達枝는 권씨와 결혼하여 3년을 살다가 비첩을 사랑하게 되자 권씨가 혼전 성관계가 있다고 날조하여 버렸다고 함. 장 90대를 치고 다시 불러 살게 함(형조). 아버지 김온金穩이 원종공신이라 하여 직첩을 거두고 외방에 부처付處하게 함.[12]

(4) 문자文兹가 정처를 소박하고 비첩을 총애함. 비첩이 훔친 옷감으로 옷을 만들어주자 입고 다녔다고 함. 가도家道가 부정하다는 이유로 장 90대에 처하게 함. 공신의 후예라 하여 직첩만 거둠.[13]

(5) 전 감목관 이중지李中至가 정처를 소박해 버리어 농장에 두고, 비첩을 사랑하여 정처처럼 대접하였다고 함. 처첩의 차서를 잃은 것인데, 인정하지 않고 있음. 장 90대에 처해야 할 것임. 그대로 따름.[14]

모두《세종실록》에서 뽑았다. (3)만 형조의 건의이고 나머지는 모두 사헌부의 건의다. 대체로 비첩을 사랑하여 정처를 소박한 경우 장 90대에 처하는 것이 원칙이었다. 그것은 "만약 처가 있는데 다시 처를 취하는 경우 장 90대에 처하고 이혼시킨다."라는《대명률》'처첩실서妻妾失序'조[15]에 입각한 것이었다.

대체로 횟수가 줄어드는 추세를 보이기는 하지만, 같은 성격의 기사가 임진왜란 이전까지는 계속 발견되고, 이후의《실록》에는 보이지 않는다. 이것을 한갓 우연으로 돌릴 수는 없을 것이다. 즉 비첩을 사랑하여 정처를 소박하는 경우는 조선 후기에도 발견되지만, 그것을 처리하는 방법이 달랐던 것이다. 위의 사례에서 보듯 비첩을 사랑하여 정처를 소박하는 것은 장 90대에 처해지는 범죄였고, 공신의 후예라는 참작할 만한 조건이 없으면 그대로 집행되었다. 그런데 신태영-유정기의 이혼 사건에서는 그것이 전혀 고려되지 않았다. 장 90대에 처한다는 법은 아예 잊히고 말았다.

왜 조선 전기에는 그것이 가능했을까? 그것은 조선 전기 사회가 여전히 공계적 친족제와 처가살이 아래 있었기 때문이다. 태종 때 일어난 박저생朴抵生 사건을 보자. 지삼척군사知三陟郡事 박저생은 관官에 있을 때 기생에게 빠졌다. 사헌부에서 탄핵하여 파면시켰는데, 서울에 도착해 다시 계집종과 성관계를 가졌다. 그의 아내가 질투하자 석쇠로 아내를 쳤고, 이에 장인인 재신宰臣 이서원李舒原이 사헌부에 고발하여 박저생은 사주泗州로, 아내는 김제로 귀양을 갔다.[16] 여기서 보듯 소박을 당한 정처는 시집의 일원이라기보다는 여전히 친정의 일원이었던 것이다. 즉 남편이 정처를 소박한다는 것은, 자신의 집에 거주하는 결혼한 딸이 소박을 당하는 것이었고, 여성의 가문에서는 사위의 문제를 지적할 수 있었던 것이다. 이것이 정처를 소박했다가 처벌받는 남편이 여럿 생겼던 이유다. 조선 전기에는 비첩에게 남편을 빼앗기고 소박을 당한 여성(물론 사족이지만)은 사헌부에 그 사실을 알리고 왕의 재가를 얻어 남성을 처벌하거나 비첩을 쫓아내고 다시 결합하는 것이 가장 정상적인 방법이었던 것 같다. 그것은 여성의 지위가 조선 후기에 비해 상대적으로 높았던 현상을 반영하는 것일 터이다.

사헌부를 통해 문제를 제기하고 남편을 법적으로 처벌하는 방법 외에 여성이 직접 비녀婢女나 비첩을 폭행하거나 살해하는 경우도 빈번했다. 이것은 사건 자체로 보면 잔혹하기 짝이 없는 것이지만, 여성의 저항을 나타내는 증거로는 대단히 유용한 것이다. 그 사례들을 살펴보자. 《실록》에서 발견되는 최초의 사례는 태조 6년(1397) 전 교서감校書監 왕미王亹의 아내가 남편과 성관계를 가진 여종을 살해하여 길에 내다버린 사건이다. 형조에서 처벌하려 하자 왕미는 아내와 함께 달아났다. 왕미에 대한 처벌은 직첩의 회수뿐이었는데,[17] 이것은 곧 《대명률》의 적용을 받게 된다.

왕미의 아내와 동일한 사례는 《실록》에서 광범하게 발견되고, 또 《대명률》에 따라 처벌을 받게 된다. 세종 9년(1427) 집현전 응교 권채權採의 아내 정씨鄭氏는 권채의 비첩 덕금德金의 머리털을 자르고 똥을 먹이고 항문을 침으로 찌르며 굶기는 등 거의 죽게 만들었다. 의금부가 권채에게 장 80대, 정씨에게 장 90대를 칠 것을 요청하자, 세종은 권채의 직첩을 회수한 뒤 외방에 부처付處하고, 정씨의 장형은 속전을 내게 하였다.[18]

세종 22년(1440) 6월 아주 유명한 사건이 일어난다. 고위 관료인 좌찬성 이맹균李孟畇의 아내로 나이가 일흔에 가까운 이씨가 자신의 남편과 성관계를 가진 계집종을 참혹한 매질로 죽이고 시신을 유기했던 것이다. 살인범을 잡으려는 과정에서 수많은 사람이 옥에 갇히고 고문을 받자, 이맹균이 이씨가 살인범임을 밝혔고, 사헌부에서는 두 사람을 이혼시킬 것을 요청했다. 이혼은 허락되지 않았지만, 이맹균은 파직된 뒤 황해도 우봉현牛峯縣으로 유배되었고, 이씨는 직첩을 박탈당하였다.[19] 이 사건은 뒷날 두고두고 인용되었다.

이런 사건들은 잔혹한 것이 특징이다. 다시 이숙비李淑非란 여성의 경우를 보자. 성종 5년(1474) 참봉 신자치愼自治의 아내 이숙비는 어미 이막생李莫生과 함께 남편이 간통한 계집종 도리道里의 머리를 깎고 고문하였는데, 그 방법이 지극히 잔혹하였다. 불에 달군 쇠로 가슴과 성기를 지져 몸에 완전한 살갗이 없게 만들고는 홍인문 밖 산골짜기에 내다버렸던 것이다. 의금부에 회부해 국문하게 한 뒤[20] 신자치는 경상도 안음安陰에, 숙비와 막생은 산음山陰에 부처했다.[21] 그러자 안음과 산음은 너무 가까워 서로 합칠 것이 분명하니 이혼을 하게 한 본의가 아니고, 또 막생과 숙비의 본가가 함양에 있어 산음과 너무 가까우므로 유배지를 바꾸자는 요청이 있어[22] 숙비와 막생의 유배지를 충청도 진천鎭川으로 옮긴다.[23]

동일한 성격의 사건에서 잔혹성은 예외 없이 관찰된다. 다음은 중종조의 사례들이다.

중종 12년(1517). 군자감 판관軍資監判官 신수린申壽麟의 처 성씨(성희안의 누이동생, 이름은 阿只)가 남편이 성관계를 맺은 여종을 때리고 돌로 입술과 이를 치고, 불로 지지기까지 하여 죽인 뒤 시신을 신수린에게 보게 하였다.[24] 성씨의 죄는 장 60대, 도徒 1년에 해당했지만, 도형은 속전을 내고 면제되었다.[25] 하지만 뒤의 기록을 보면 홑옷을 입고 장 100대를 맞았다.[26]

중종 23년(1528). 진사 하억수河億水의 처 이씨(이름은 末貞)는 자신의 남편과 성관계를 가진 여종 복비를 칼로 살해한 죄로 장형에 처해졌다.[27]

중종 31년(1536). 우승지 김익수金益壽의 처가 여종들을 시켜 독약으로 첩을 살해하려 한 사건이 발생했다. 여종 서너 명을 추궁했으나 끝내 여주인을 위해 자복하지 않고 형벌을 받고 사망했다.[28]

중종 38년(1543) 장연 현감長淵縣監 홍전洪詮의 처 윤대允代는 관아에서 첩과 첩의 딸, 첩의 노비 2인 등을 독약을 사용해 일시에 죽였다.[29]

중종 38년(1543). 직산 현감稷山縣監 성자청成子淸의 아내는 성자청의 비첩을 쇠(아마도 칼인 듯)로 치고 온갖 참혹한 형벌을 가해서(불로 지지기까지 하였다) 죽였다.[30]

위의 사례는 여종을 살해한 여성을 체포한 경우다. 하지만 범인을 알 수 없는 비첩 살해는 훨씬 더 많았던 것으로 보인다. 성종 19년(1488) 온몸이 상처투성이인 데다가 성기가 항문까지 찢긴 시신이 발견되었는데, 성종은 힘 있는 집안의 사나운 부인이 첩을 질투하여 분풀이한 것으로 단정하면서 동일한 예로 세종 때 이맹균 사건을 상기시키고 있다.[31] 중종 5년(1510) 2월 전한典翰 이사균李思均의 집 앞에서 낙형烙刑을 당한 여성의 시신이 발견된다.[32] 이때에도 중종은 '질투심이 많고 사나운 사족 부녀자의 소행'으로 단정한다.[33] 이처럼 유기된 여성의 시신은 주로 사족 여성의 투기에서 비롯된 사건으로 보는 것이 일반적인 판단이었다. 중종 26년(1531) 1월 숭례문 안에서 유기된 여자 아이의 시체가 발견되자[34] 즉각 '투기의 소치'로 여겨졌고,[35] 중종 28년(1533) 1월 율도栗島에서 유기된 시신이 발견되었을 때도 대가大家의 사나운 부인이 투기하여 죽인 것으로 여겨졌다.[36] 명종 11년(1556) 6월 서울 남부南部에서 여성의 시신이 발견되었을 때도 사헌부에서는 "여자가 잔인하게 살해되는 사건은 부녀자의 투기하는 마음에서 나온 것이 많다."[37]고 단정하였다.

왜 중종 때에 와서 이런 사건이 이상할 정도로 자주 발생했는지는 분명하지 않다. 또 이 높은 빈도수에 어떤 의미를 부여해야 할지도 아직은 알 수 없다. 다만 조선 전기에 정처에 의한 비첩 살해가 광범하게 이루어지고 있었음은 분명하다. 동일한 사례가 조선 후기, 곧 17세기 중반 이후에도 없는 것은 아니지만, 조선 전기처럼 많은 예는 발견되지 않으며, 또 사건을 처리하는 과정에서 '사족 부녀자의 질투에 의한 살해'란 일반화된 서술을 동반하지는 않는다. 즉 사족 부녀자의 비첩 살해는 조선 전기에 집중적으로 발생한 현상인 것이다.

비첩 살해 사건은 매우 잔혹한 것이지만, 여성의 입장에서는 자신의 성적 욕망에 대한 통제·억압과는 반대로 확장되는 남성의 성적 욕망에 대한 적극적인 반발과 저항이었던 것으로 해석할 수 있다. 곧 정처로서 남편이 다른 여성과 성관계를 가지는 것, 혹은 가졌던 사실을 확인하는 것은 당연히 매우 고통스럽고 불쾌한 일이었다. 여종과 남편이 성관계를 지속적으로 갖는 경우는 더더욱 그러하였다. 여종은 자신의 소유물이자 하위자였기 때문이다. 여기에 대해 여성들은 대단히 민감하게 반응하였다. 조선 초기 《실록》에서 여성이 자신의 남편이 관계한 여종을 폭행하거나 극단적인 경우 살해해 사체를 유기한 사건이 적지 않게 발견되는 것은, 바로 여성이 유가적 가부장제하에서 남성–사족의 성적 개방성의 확대에 대단히 민감하게 반응하고 있었다는 것을 의미한다.

이런 극단적인 방법이 가능했던 것은 조선 전기에는 유교적 가부장제에 근거한 단계적 부계 친족제와 시집살이가 아직 정착하지 않았기 때문이고, 처가살이하에서 여성의 가내 권력이 조선 후기에 비해 상대적으로 강력했기 때문일 것이다. 여기서 그 증거 몇 가지를 추가해보자.

이맹균 사건 때《실록》의 사관은 이맹균이 부인에게 압제를 받아 비첩이 죽음을 당하는데도 막을 수가 없었다고 말했다.[38] 이런 사례들은《실록》에서 상당히 많이 발견된다. 세조 시절 오성군筬城君 유자환柳子煥의 아내 윤씨는 투기가 심하고 사납고 방탕한 사람으로, 유자환이 죽었을 때 조금도 슬퍼하지 않고 발인하는 날 저녁 머리를 깎고 출가하였는데, 여승이 되어 유자환을 위해 복을 비는 것이라는 핑계를 대고 승려들을 만나러 사찰을 돌아다녔다. 윤씨에 대해《실록》의 사관은 '마음대로 돌아다니려고 한 것'이라 평가했다. 윤씨의 배경에는 친정이 있었다. 그의 친정아버지는 우참찬까지 지낸 윤형尹炯이었고,[39] 그의 가문은 당시 명문대족이었다.

세종이 가장 사랑했던 왕자 영응대군 이염李琰의 아내 송씨 역시 질투가 많고 사나웠다. 송씨는 상호군上護軍 송복원宋復元의 딸이었고, 그녀의 조카(곧 송복원의 손녀)가 단종의 비妃였으니, 송복원 역시 당대의 명문이었다. 영응대군은 송씨를 두려워하였고, 죽을 때 첩에게서 난 자식에게 자신이 갖고 있던 보물을 주었으나 송씨가 대부분 빼앗아 절을 지었다고 한다.[40]

중종 시절 여원부원군礪原府院君 송질宋軼의 처 양씨梁氏와 세 딸은 모두 '사나운 성격과 투기'로 유명하였다. 이형간李亨幹과 결혼한 한 딸은 평소 남편을 '노예'처럼 대하였다. 1517년 덕산 현감德山縣監으로 재직 중이던 이형간이 공무로 외출했다가 감기에 걸려 돌아왔는데, 송씨는 문을 닫고 받아들이지 않았다. 이형간은 동헌에서 땀을 내려고 이불과 옷을 달라고 했으나 송씨가 주지 않았다. 온돌은 지나치게 뜨거웠고 몸을 움직일 수 없었던 이형간은 폭사하고 말았다고 한다. 사헌부에서 조사해 처벌할 것을 주장했지만, 이루어지지 않았던 것으로 보인다. 송씨는 사헌부에서 추국을 청하는 상황에서도 전혀 두려워하지 않고 교자를 타고 서울로 들어왔다고 한다.[41] 홍언필洪彦弼과 결혼한 다른 딸은 남편과 성관계를 맺은 여성의 머리털을 자르고 피투성이가 되도록 구타하기도 하였다.[42]

남편과의 관계에서 아내가 절대적인 우위를 차지하는 경우도 적지 않았다. 중종 시절 예조 판서 권균權鈞은 아내 안씨의 투기로 인해 무한한 곤욕을 겪었다. 안씨는 아침저녁을 제대로 주지 않았고, 노복도 파리처럼 때려죽었다. 권균은 이로 인해 상심하여 죽었다고 한다.[43] 한편 이형간의 아내 송씨가 남편을 노예처럼 대했다고 했는데, 그것은 예외적인 일이 아니었다. 광해군 시절에 이조 판서를 지낸 이준李準의 후처 송씨는 투기가 심하고 사나우며 교만 방자하여 남편 이준을 노비처럼 부렸다고 한다.[44]

남편을 '노비처럼' 부리는 것이 가능했던 것은 누차 언급했듯 조선 전기가 공계적 친족제와 처가살이하에 있어서 처가 쪽 권력이 강했기 때문이다. 이런 관계를 근거로 하여 여성은 남성의 성적 욕망이 확장되는 데 적극 저항했던 것이다. 아울러 여성 자신이 성적 욕망의 주체임을 숨기지 않았다. 그 일례를 세조 시절 남의南儀의 처 이씨와 중종 시절 판관判官 홍태손洪泰孫의 아내 신씨辛氏에게서 확인할 수 있다.

남의의 아내 이씨는 남편이 못생겼다고 하여 남편으로 여기지 않았다. 남의가 죽은 뒤 그녀는 권선하는 중을 끌어들여 간통했다. 그녀는 재혼하고자 하는 뜻을 적극적으로 보였고, 첨지僉知 유균柳均의 성기가 크다는 말을 듣고 그와 결혼했다. 그녀는 유균을 사랑하여 남들에게 늘 '진정한 남자'라고 치켜세웠다. 유균이 죽은 뒤에는 중과 다시 사통하였다.[45] 이씨는 조선의 건국에 공을 세웠던 영양군永陽君 이응李膺의 손녀였다.

홍태손은 용모가 추악하여 두 번 결혼했지만 후사가 없었다. 쉰 살쯤에 다시 신씨와 결혼했다. 늙은 남성과 결혼한 신씨는 계집종에게 부부의 나이는 서로 같아야 하는 것이므로 늙은 남자를 남편으로 삼을 수 없다고 하고, 결혼 뒤 6~7년 동안 홍태손과 거처를 같이 하지 않았다. 신씨는 늘 홍태손을 모욕했다. "추하고 늙고 무기력한 너는 무엇을 믿고 결혼을 하여 나를 초췌하게 만드느냐? 빨리 죽는 것이 낫겠다." 홍태손은 사헌부에 호소했고, 사헌부는 장 100대에 이혼으로 조율했다. 중종은 장은 속바치게 하고 이혼은 허락했다.[46] 신씨는 목사 신조의辛祖義의 딸이며 윤필상尹弼商의 외손이었다. 조선 초기《실록》에서는 이와 유사한 예를 상당히 많이 찾아볼 수 있다.

이상에서 거론한 사례들은 유정기에 의해 일방적으로 쫓겨난 신태영과 비교한다면 거의 대척적인 지점에 있다고 할 수 있다. 이것은 앞서 여러 번 지적한 바와 같이 이미 단계적 부계 친족제가 성립하고, 여성이 결혼 후 남성의 집으로 가서 사는 시집살이가 성립했기 때문이다. 여성은 남성의 집안에서 적대적이고 이질적인 사람들에게 포위되었다. 이것이 여종 살해와 같은 사례가 임진왜란 이전의《실록》에서는

빈번하게 보이고 이후에는 매우 드물게 나타나는 이유다. 조선 후기에
도 남편과 성관계를 가진 여종을 혹형으로 다스려 죽게 하거나 여종의
어머니를 대신 죽이는 경우가 더러 발견되지만, 조선 전기처럼 대량의
사례도 아니고, 사건의 심각성에 대한 인식도 현저히 낮다.[47] 물론 실
제 사례는 존재해도 《실록》에 남지 않았을 것이라는 추측도 가능하지
만, 그보다는 모종의 경향, 즉 비첩으로 인해 소박을 받은 정처의 문제
제기가 약화되었다고도 볼 수 있다. 달리 말해 유교적 가부장제가 17
세기 중반 이후 온전히 성립하면서 생긴 현상이 아닌가 한다.

　이와 아울러 주의해서 보아야 할 사례 하나를 들어보자. 유정기가
다시 이혼을 요청한 것은 1712년이었다. 이로부터 7년 뒤인 1719년
문화 현령文化縣令 조상경趙尙慶이 아내의 투기에 노하여 친정으로 내
쫓았으나 오빠인 석성 현감石城縣監 홍중성洪重聖은 동생을 받아들이지
않았다. 조상경의 아내는 '문 밖에서 방황하다가' 갈 곳이 없는 탓에
결국 우물에 몸을 던져 자살한다. 조상경과 홍중성은 삭거사판削去仕版
의 처벌을 받지만 이내 복귀했다.[48] 이 사건은 여성이 쫓겨나도 친정으
로 돌아갈 수 없는 상황에 직면하게 되었다는 것을 의미한다.

저항의 결과

가부장적 친족제하에서 여성은 일방적으로 내쫓겼다. 좀 더 정확하게 말한다면 여성은 내쫓길 가능성을 충분히 인지하고 있었다. 그렇다고 여성이 완전히 남성의 통제 안으로 들어간 것은 아니었다. 이 책에서 다룬 신태영이 그 적실한 예다. 신태영은 유정기가 비첩을 얻은 데에 불복하였고, 의금부에 갇히자 그것을 기회로 삼아 저항했으며, 유정기를 곤경에 빠트렸던 것이다. 이하에서 신태영의 저항 결과가 어떤 의미를 갖는지 반추해보자.

신태영-유정기의 이혼 사건에 있어 가장 중요한 인물은 당연히 신태영이다. 신태영은 가장 큰 피해자였다. 그녀는 먼저 예일에게 남편을 빼앗기고 내쫓겼다. 심한 스트레스로 인해 수시로 발작을 일으키는 풍화병에 걸렸으니, 신태영이 받았을 충격과 고통을 짐작하기란 어렵지 않다. 또한 사족 여성으로서는 치욕적이게도 의금부에 갇혀 조사를 받았고, 태 40대와 장 80대를 맞고 전라도 부안현에서 4년 동안 귀양살이를 하였다. 게다가 신태영의 이름은 뒷날 악녀의 대명사가 되었다.

신태영이 낳은 자식 다섯은 기계 유씨 가문에서 그 이름이 지워졌다. 아들이라면 과거를 통해 관직으로 나갈 수 없었을 것이고, 딸이라면 혼처를 구하기도 어려웠을 것이다. 신태영의 가문도 지워졌다. 이혼을 둘러싸고 10여 년 동안 논란이 있었지만, 신태영의 가문은 전혀 언급되지 않았다. 당대의 명문인 기계 유씨와 통혼한 사이라면 신태영의 아버지 신석과 그의 가문 역시 상당한 가문일 터인데, 어떤 문헌에도 그 기록이 남지 않았다. 조선 전기라면 신태영의 가문에서 비첩에게 빠진 유정기가 정처인 신태영을 소박했다고 사헌부에 고소했을지도 모른다. 하지만 그런 일은 결코 일어나지 않았다. 친족제가 단계적 부계 친족제로 바뀌고, 유교적 가부장제가 확립된 이상, 신태영은 일방적으로, 친정의 어떤 도움도 없이 내쫓겼던 것이다. 아마 불량한 딸을 낳은 가문이라는 질시 속에서 신씨 가문 자체가 사라졌을 것이다. 신태영의 저항이 친정을 파멸로 몰아넣었던 것이다.

자신과 친정 가문이 엄청난 피해를 입었지만, 신태영은 유정기와 그의 가문에 더 큰 타격을 주었다. 유정기는 강화된 가부장적 권위에 의지해, 당시 사족 사회의 관례를 따라 비첩을 얻었다. 신태영을 내쫓을 때도 가부장적 권위에 의지했다. 무엇보다 자신의 자매들, 즉 시누이들을 모아서 신태영의 축출을 결정했고, 가부장제의 상징적인 공간인 궤연과 가묘에 신태영의 죄상을 성토한 뒤 내쫓았던 것이다. 여기까지는 유정기가 성공했다고 평가할 수 있다. 하지만 그가 아들 유언명의 집에서 신태영과 싸운 뒤 동종同宗 50명을 동원해 신태영과의 이혼을 신청한 그 순간 문제가 꼬이기 시작했다. 이 역시 가부장제의 권위를 빌린 것이지만, 이혼 여부가 조정에서 논란이 되면서부터 가족 내부의 문제가 밖으로 드러났고, 유정기는 명예에 치명상을 입기 시작했다. 결국 논리적 판단에 밀려 그의 친족과 신태영을 직접 조사하는 상황에 이르자 유정기는 불리한 입장에 서게 되었다. 신태영의 죄를 적극적으로 증언할 친척은 없었고, 원정초까지 조작하려다가 도리어 의금부에 갇혀 신문을 받는 처지가 되었던 것이다.

이런 상황에서 신태영은 영리하게 대처했다. 유정기가 신태영을 내쫓기만 하고 이혼을 요청하지 않았다면 신태영은 완전히 묻혀버렸을 것이다. 하지만 의금부에 갇힌 것을 기회로 삼아, 신태영은 가부장제 하에서 여성이 결코 수동적인 존재가 아니라는 것을 입증했다. 신태영은 의금부에서 한문으로 쉽게 번역할 수 있을 정도로 조리 있는 공초를 바쳤다. 그녀는 논리적으로 사고할 수 있는 인물이었다. 그러기에 《실록》의 사신은 어떤 문사가 그녀를 돕고 있는 것이 아닌가 하고 의심을 할 정도였다. 조사를 활용해 그녀는 자신에게 씌워진 혐의를 하나하나 벗겼다. 실제 조사한 결과 유정기가 주장한 신태영의 부도덕한 행위가 사실로 판명된 것은 전혀 없었다. 신태영은 또 유정기와 친척 관계에 있는 관료들이 자신의 재판에 관여하는 것을 지적하여 그들을 물러나게 만들었다. 이것은 아마도 신태영이 다루기 힘든 상대임을 인지시켰을 것이다. 신태영이 유정기의 이상한 성적 취향까지 폭로한 것도 주목할 부분이다. 신태영의 폭로는 한편으로 유정기를 수치스럽게 만들려는 의도에서 나왔을 것이고, 다른 한편으로는 유정기가 예일에게로 성적 욕망을 확대한 데 대한 보복이었을 것이다.

신태영의 대응으로 이혼은 불허되었고, 유정기는 '집안을 다스리지 못한 죄'로 장 80대에 처해졌다(물론 속전을 바쳐 실제 장을 맞지는 않았다). 이혼의 불허가 확정된 1706년으로부터 6년 뒤 유정기는 다시 이혼을 신청하였으나 가부가 나기 전에 사망하고 말았다. 하지만 조정에서 논란이 계속되었고, 다시 이혼 불허로 결론이 났다. 이 과정을 통해 유정기와 가문의 명예는 큰 손상을 입게 되었다.

신태영의 전략 중 유정기 가문에 가장 치명적이었던 것은, 전처의 장자인 유언명을 '불효'의 죄목으로 끌어들인 것이었다. 신태영은 신문 과정에서 유언명이 자신에게 불효한 상황을 진술했는데, 그것은 사실 이혼 문제와는 관련이 없는 것이었고, 불효가 사실인지 아닌지도 확인할 수 없었다. 분명한 점은 그것이 신태영의 전략적 행위였다는 것이다. 정호의 〈고판관유공묘지명〉에 의하면, 유정기는 분명 신태영이 자신에게 욕을 하다가 시부모에게까지 그 욕설이 미쳤다고 하였고, 자신의 자매들은 생전의 어머니가 지어둔, 신태영이 '부도不道'했음을 증거하는 글을 보여주었다고 하였다. 만약 그것이 사실이었다면, 또 시어머니가 남긴 문서가 있었더라면 이혼은 이루어졌을 것이다. 하지만 문서는 끝내 증거로 제출된 적이 없고, 사건이 마무리될 때까지 신태영의 불효는 문제가 되지 않았다. 물론 남편이 여종 예일과 성관계를 갖고 자신을 소외시키는 것을 경험한 신태영이 시부모에게 전과 달리 불손한 언사를 했을 가능성은 있다. 하지만 유정기는 그것을 입증할 확실한 증거는 얻지 못했던 것으로 보인다. 신태영을 내쫓을 때 유정기의 어머니는 물론 아버지 유명익까지 사망한 상태였으니, 어디에도 물어볼 곳이 없었다. 하지만 신태영으로서는 자신에게 씌워진 불효의 죄명이 매우 곤혹스러웠을 것이다.

신태영이 유언명의 불효를 문제 삼은 것은, 아마도 자신에게 씌워진 불효의 죄명에 대응하기 위해서였을 것이다. 그녀의 풍화증으로 보아 유언명의 불효는 충분히 가능성 있는 일이다. 그렇다고 유언명이 불효했다는 것이 아니라, 그녀의 히스테릭한 상태는 유언명의 언행을 충분히 만족스럽지 않게 여겼을 가능성이 있다는 것이다. 어쨌든 신태영이 유언명을 불효로 몰아간 것은 유정기는 물론 유언명에게도 거의 치명적인 것이었다. 그런 전략이 악랄하게 보이긴 하지만, 신태영의 입장에서는 가장 효과가 좋은 전략이었다. 계모이기는 하지만 살아 있는 부모인 신태영에게 유언명은 적절히 대응할 수가 없었다. 효·불효의 문제는 부모와 시비를 다투는 것이므로 윗사람에 대한 윤리를 무엇보다 중요하게 여기는 조선 사회에서 자식의 입장은 불리할 수밖에 없었다. 또 스스로 불효자가 아니라고 항변하는 것조차 불가능한 일이었다. 실제 유언명은 불효 문제에 대해 일체 대응하지 않았던 것으로 보인다. 성대중成大中의 말을 참고한다.

> 유언명의 계모가 불효로 고발하자 유언명은 진술하기를, "변명하고 살기보다는 말하지 않고 죽는 것이 낫습니다." 하고 끝내 대답하지 않았다. 두 사람 모두 죽음만은 면하였다.[49]

성대중은 유언명이 사실 여부를 말하지 않은 것을 계모이기는 하지만 자신의 어머니의 말에 대해 굳이 변명하지 않은, 도덕적으로 정당한 행위로 판단하지만, 그보다는 유언명 나름의 전략이었다고 할 수 있다. 그 결과 그는 죽음을 면할 수 있었다. 하지만 앞에서 말한 바와 같이 유언명은 불효의 오명을 뒤집어쓰는 순간부터 사족 사회에서 배제되었다! 사족 사회에서 '불효'란 말이 입에 오르게 되면 그 사람의 삶은 파탄이 났다. 실제 유언명이 '불효'란 말에 걸려 폐기되고 물에 뛰어들어 죽었다는 말이 지금까지도 전하고 있다.[50] 유언명이 불효의 죄목으로 폐기되자 그를 비난하며 관계를 끊는 사람이 대부분이었고, 단지 이만견李晚堅을 비롯한 아주 친한 친구 몇 명만이 그를 불쌍히 여

겨 차마 절교할 수 없었다고 한다.[51]

　유언명은 이혼 사건이 진행될 당시 사헌부 지평으로 있었는데, 사헌부 장령 임방이 유정기의 편에서 이혼을 주장하고 있었기에 관직에 있기 어렵다는 건의에 따라 1704년 9월 30일 잠시 개차改差하라는 숙종의 명을 받는다. 그날 유언명은 서울 밖에 있었다.[52] 같은 해 12월 1일 《승정원일기》에는 서용할 사람의 명단이 실렸는데, 거기에 유언명이 포함되어 있었다.[53] 하지만 그 결과는 알 수가 없다. 아마도 실제 벼슬을 받지 못했을 것이다. 유언명의 이름은 숙종 31년 9월 12일, 조태채가 신태영의 재판부 기피 신청으로 말미암아 사직하는 상소를 올린 기사에 딸려 나온다. 이 기사는 신태영이 유언명의 불효를 무고하고, 유정기의 성적 취향을 언급한 기사다. 이후 《숙종실록》에는 유언명의 이름이 언급된 기사가 숙종 32년 7월 24일부터 숙종 33년(1707) 2월 25일까지 14건 더 있지만, 그것은 모두 충청도 유생 임부林溥가 1706년 5월 29일 올린 상소로 인해 벌어진 옥사의 참고인으로 소환되어 조사를 받은 일과 관계된 것이다.

　유언명은 1729년 2월에 사망한다. 그는 승정원 주서를 거쳐 사간원과 사헌부의 벼슬을 하며 관료로서의 출셋길을 순탄하게 밟고 있었다. 하지만 벼슬길에 오른 지 5년 만에 문제의 이혼 사건이 일어나 1704년 밀려난 이후 다시는 벼슬길에 오르지 못했다. 유척기는 궁거窮居한 지 26년이라고 하였으니, 그는 벼슬을 그만두고 26년 동안 자신의 집에서 유폐된 삶을 살았던 것이다. 그에게는 아들이 없고 딸만 둘 있었다. 게다가 동생 둘은 모두 그보다 앞서 죽었다. 사세지종四世之宗이 의탁할 바 없게 된 것이다.[54] 유언명은 양자로 대를 이었지만, 그 후손들도 번성하지 못하였다. 기계 유씨는 18세기 이후 서울의 대표적인 경화세족으로 성장하여 20세기 초까지 명가로서의 성예聲譽를 잃지 않지만, 유정기 일계만은 과거 합격자도, 빼어난 문인도 없는 쓸쓸한 처지였다. 유정기 이후 그 일계가 완전히 몰락했던 것이다. 신태영의 저항은 유력한 경화세족의 종가를 완전히 붕괴시키고 말았던 것이다!

결장 | 여성 훈육의 시작과 실패

 가부장제에 입각한 시집살이로 여성을 자신이 지배하는 공간에 가두게 된 남성-사족은 성적 욕망의 확장을 실천할 기회를 온전히 얻게 되었다. 하지만 여성의 저항을 의식하지 않을 수 없었고, 이내 그 저항을 없앨 방법을 모색하였다. 그것은 여성을 가부장제적 윤리, 아니 진실을 말하자면 남성의 욕망을 여성의 대뇌에 설치할 텍스트를 만들어 여성을 훈육하는 것이었다. 미묘한 것은 신태영-유정기의 이혼 사건으로 인한 논란이 일어나기 직전, 여성을 훈육하고자 하는 텍스트가 만들어졌다는 것이다.

 유정기와 신태영의 이혼이 문제가 되었던 1704~1713년에서 불과 10여 년 전, 노론의 영수 송시열宋時烈(1607~1689)이 사망했다. 당시 정계에 절대적인 영향력을 행사하던 이 엄격한 도학자는 시집가는 딸에게 주는 〈계녀서誡女書〉라고 불리는 짧은 글 한 편을 남긴다. 뒷날 사람들은 송시열을 존중하여 그의 호를 붙여 〈우암선생계녀서〉라고 부르고 무수히 그것을 복제했다.[1] 〈계녀서〉의 요지는 남성의 가문에 편입되는 순간부터 자신을 지우고 오로지 남편과 시부모 등에게 무한히 복종할 것을 요구했으니, 그것은 여성을 통제하고자 하는 가부장제의 욕망이었다. 송시열은 이 글의 '지아비 섬기는 도리' 부분에서 남성의 성적 욕망의 확장과 관련된 중요한 발언을 하고 있다.

(1) 여자의 백 년 앙망이 오직 지아비라. 지아비 섬기는 뜻은 어기오지 말밖에 없으니, 지아비가 대단 그른 일을 하여 세상에 용납지 못할 밖에는 그 뜻을 만분 미진한 일이 없게 하여 하는 대로 하고, 한 말과 한 일을 어기지 마라.

(2-1) 여자가 지아비 섬기는 중 투기하지 아니함이 행실의 으뜸이니 일백 첩을 두어도 볼 만하고, 첩과 아무리 사랑하여도 노기 두지 말고 더욱 공경하여라. (2-2) 네 지아비는 단정한 선비라 여색에 침혹함이 없을 것이요, 너도 투기할 인사 아니로되 오히려 경계하노니, 너뿐 아니라 네 딸 낳아도 제일 인사를 가르치라. (2-3) 고금 천하에 투기로 망한 집안이 많으니, 투기하면 백 가지 아름다운 행실이 다 헛것이라. 깊이 경계하라.

여성의 남편에 대한 절대 복종(1)을 전제하고 송시열은 딸에게 당부한다. '투기하지 말 것'이 아내가 남편을 '섬기는 도리' 중 제일의 것이다. 이것은 남편의 복수적 성관계에 대해 전혀 부정적 감정을 갖지 않거나 가져도 결코 표현하지 않는 것이다. 남편이 '일백 명의 첩을 두더라도, 첩과 아무리 사랑하더라도' 노기를 두지 말고, 곧 증오심을 품지 말고, 오히려 남편에게 더욱 복종할 것은 요구한다. 여기서 중요한 것은 송시열의 발언이 17세기 중반을 통과하면서 정착한 시집살이 제도와 가부장제로 인한 남성 권력의 강화, 그리고 그와 동반하여 변화된 남성의 성 문화를 반영하고 있다는 것이다. 즉 송시열은 '네 지아비는 단정한 선비라 여색에 침혹함이 없을 것'이라고 하면서도, 사회 자체가 정처를 배제한 채 일백 첩을 두거나 첩과 깊은 사랑에 빠지는 현실을 강하게 의식하며 그것을 기정사실화하고 있다는 것이다. 이것은 여성 쪽에서 법과 개인적 폭력을 통해 남성의 성적 욕망의 확장을 견제하던 시대가 이미 지나갔다는 것을 의미한다.

남성의 성적 욕망의 확장이 견제 없이 가능해지자 가장 큰 문제로 떠오른 것이 남성 가문 안에서 여성이 저항하는 것이었다. 이것이 송시열이 〈계녀서〉의 '투기하지 말라는 도리' 부분에서 투기의 문제를 다시 상론하는 이유다.

(1) 투기하지 말라는 말은 사군자事君子 하는 대문에 말하였으되, 투기란 것은 부인의 제일 악행이매 다시 쓰노라.

(2) 투기를 하면 친밀하던 부부 사이도 서로 미워하고 속이고 질병에 관계치 아니하게 여기고, 분한 마음과 악정을 내이고, 구고舅姑 섬기는 마음이 감하고, 자연 사랑하는 마음이 헐우하여 노비도 부질없이 치고, 가사 잘 다스리지 못하고, 상해 악정된 말로 하고, 낯빛을 상해 슬피 하여 남 대하기를 싫어하니, 그런 한심한 일이 어디 있으리오.

(3) 투기를 하면 아무라도 그러하기를 면치 못하니, 가도家道의 성패와

자손의 흥망이 전혀 거기 달렸으니, 자고로 망한 집안 말을 들으면 투기로 말미암아 그러한 이 많고, 《시전詩傳》 300편에 문왕文王 후비后妃 투기하지 아니하신 말씀을 으뜸으로 썼으니, 옛 성인 생각하오시고 이렇듯이 하였으니, 그 법을 어찌 효측效則지 아니하리오, 내 몸 버리고 집이 패하고 망하는 것이 투기로 하였으니, 늙은 아비 말을 허수이 여기지 말고 경계하라.

투기하지 말라는 말을 '사군자事君子', 곧 '지아비 섬기는 도리'에서 말한 바 있지만, 거듭 상세히 언급하는 것은 여성의 투기가 시집살이하에서 가장 중요한 문제로 떠올랐기 때문이다. 송시열은 투기를 '부인의 제일 악행'으로 규정한다. 남편의 복수적 성관계, 정처의 소외 등에 대한 부정적인 감정의 표현은 그 자체로 '악'이라는 것이다. 송시열은 그 '악행'이 가져오는 결과를 (2)에서 자세히 지적한다. 남편의 복수적 성관계는 아내에게 극도의 감정 변화를 일으킨다. 송시열의 말에 따르면, 서로 증오하고 속이는 것은 물론, 상대방의 질병에도 무관심하고, 분노하는 마음과 악한 감정을 품고, 시부모를 제대로 섬기지 않으며, 괜히 노비를 구타한다. 이런 감정의 변화는 자연적인 현상이지만, 송시열은 지극히 부정적인, 부도덕한 것으로 기술한다.

송시열은 여성의 반발이 가져올 부정적 효과로 (2)를 제시하지만, (2)는 여성의 감정 변화에 따른 현상일 뿐이다. 그가 정작 두려워하는 것은 (3)의 '가도家道의 성패와 자손의 흥망'이었다. 이것은 현실적으로 사족 가문의 몰락을 의미한다. 남편이 배우자 외의 여성과 깊은 애정 관계를 갖게 될 경우 아내가 반발하는 것은 상식적으로 당연한 일이고, 그것이 자연스레 분란을 일으키면, 예컨대 비첩에 의해 정처가 소박을 당하면 가족 내부의 질서가 무너지는 것은 자명한 일이다. 그 결과는 단계적 부계 친족제 위에 세워진 사족 체제를 위협할 것이다. 송시열은 아마도 그런 사례를 익히 알았을 것이다.

가족 혹은 가문의 몰락은 여성의 투기 때문이 아니다. 정직하게 말해 남성의 혼외의 복수적 성관계 때문에 생긴 갈등이 그 원인이겠지만, 송시열은 여성의 투기에 원인이 있는 것으로 말한다. 송시열의 주장에서는 갈등을 불러온 남성의 성 문화, 성 윤리에 대해서는 전혀 반성적 사고가 작동하지 않는다. 왜 성적 욕망의 확산이 남성에게만 가능한 것인가, 즉 성적 욕망의 확장이라는 문제에서 남성과 여성의 비대칭성은 전혀 문제가 되지 않았던 것이다. 또 비대칭성은 정당한 것인가에 대한 의문도 당연히 없었다. 그것은 송시열이 신념으로 삼고 있는 유교적 가부장제 자체가 남성의 성적 욕망의 확장을 전제하고 만들어진 것이기 때문이다. 그러므로 17세기 중반 이후의 남성들은 여성에게 투기하지 말 것을 구체적으로 거듭 요구했다. 송시열 학파의 일원이었던 한원진韓元震(1682~1751)은 더욱 구체적으로, 그리고 솔직하게 말한다.

(1) 비록 가장이 첩에 빠져 정처를 소박해도 정처 된 사람은 마땅히 자기 분수를 헤아려 천명에 맡길 뿐, 싸울 것을 생각하지 않아야 할 것이다. 첩을 대우해 평소와 달리하지 않고 가장을 더욱 공경한다면, 첩은 반드시 알고 감격할 것이고, 남편도 혹 후회해 뉘우칠 것이다.

(2) 오직 싸우기로 하여 이기려고 한다면 이길 수도 없을 뿐만 아니라 장차 첩에게 원한만 더 쌓게 되고, 남편에게는 더욱 막혀 혹 집에서 쫓겨나는 우환을 면치 못할 것이니, 이것이 무슨 이익이 되겠는가?

(3) 또 세간의 가변家變은 정처와 첩의 상쟁에서 일어나는 것이 많았다. 작게는 안과 밖이 서로 갈라지고 꾸짖음과 벌함이 늘 이루어지며, 자녀들이 불안해하고, 종들은 안절부절못한다. 분위기는 서글프고 참담해져 가도家道가 날로 쓸쓸해진다.

(4) 크게는 정처와 첩 사이에 원한이 골수에 맺혀 늘 독으로 해칠 생각을 품고, 몰래 제거할 궁리를 한다. 요사스러운 재앙을 일으키고 만들어 하지 못하는 짓이 없어 그 화가 자손에까지 미치고, 집안에는 남은 사람이 없게 된다.

(5) 이 모든 것이 정처의 질투가 지나치고 원망이 깊은 데서 비롯된 것이니, 경계하지 않을 수 있겠는가?[2]

한원진은, 남편이 첩을 얻어 정처를 소박해도 정처는 자신의 운명을 천명에 맡길 뿐 싸울 수는 없다, 도리어 첩을 대우하고 남편에게 복종하라, 첩은 그것을 감사히 여기고 감격할 것이고 남편도 혹 후회할 가능성이 있다고 주장한다. 한원진의 요구는 객관적 조건에 대한 합리적 추론의 결과가 아니라, 남성의 불합리하지만 강력한 희망을 여성에게 강요한 것이었다.

여성을 유교적 가부장제로 훈육하고자 하는 텍스트는 조선조 말까지 사족 가문에서 엄청나게 만들어졌다.[3] 그렇다면 과연 이 텍스트들은 기대하던 목적을 이루었던가? 겉으로 보기에는 그 목적을 이루었다고 말할 수 있다. 하지만 완전한 성공은 아니었다. 여성에 대한 훈육이 이루어지면서 동시에 유교적 가부장제의 모순 역시 심화되었다고 말할 수 있다.

신태영-유정기의 이혼 사건은 뒷날 사족 사회에 오래 기억되었다. 이익李瀷은《성호사설星湖僿說》에서 그 사건을 이렇게 구성하고 있다.

> 우리나라 법에는 출처出妻에 대한 조문이 없다. 유모兪某란 사람이 아내의 음란한 행실을 고하고 두 차례에 걸쳐 소송을 제기했으나 옥사가 이루어지지 않았다. 아내 역시 성품이 패려하여 부부의 예가 없었다. 중신重臣들은 모두 국법에 출처의 조문이 없다고 헌의하여 이혼을 허락하지 않았다.[4]

이익은 1681년에 태어나 1763년에 죽었다. 신태영-유정기의 이혼 사건이 1704년에서 1713년 사이에 있었으니 기계 유씨처럼 경화세족의 일원이었던 이익은 유모가 유정기인 줄 충분히 알았을 것이다. 다만 그의 이름을 밝히지 않은 것일 뿐이다. 하지만 그는 그 사건을 엉뚱하게 기억한다. 곧 유정기가 아내 신태영의 음란한 행실 때문에 두 번이나 이혼을 요청했다는 것이다. 신태영에게 성적인 일탈은 없었다. 만약 그런 일이 있었다면 이혼이 성립되었을 것이다. 이익의 기억은 분명 합리적이지 않다. 그것은 아마도 복종하지 않는 여성에 대한 분노 때문이었을 것이다.

이익은 유정기를 언급하면서 "사람들은 '여자가 죄 없이 쫓겨나는 것을 염려했기 때문이다.'라는 이유를 대지만, 죄가 있는데도 쫓아내지 못하면 명교明敎를 무한히 그르치게 되는 것은 생각하지 않는다는 말인가? 이런 까닭에 풍속의 변화가 규문에 달려 있는데도 천만 가지 죄악을 다시 금지할 수 없는 것이다."[5]라고 말한다. 이익은 평소의 냉정한 태도와 달리 신태영 같은 여성을 쫓아내야 한다고 주장한다. 하지만 문제의 원인은 축출 여부가 아니라, 이익 자신이 다른 글에서 지적했듯 유교적 가부장제의 원천적 모순에 근거한 것이었다. 그는 《성호사설》의 〈출처出妻〉에서 이렇게 지적했다.

> 국법에 개가한 사람의 자손은 청직淸職을 허가하지 않으므로 사족이 그것을 부끄러워한다. 그 유폐流弊는 아내가 비록 아주 도리에 어긋난 행실이 있더라도 출처법出妻法이 없다는 핑계로 이혼을 허락하지 않는다는 것이다. 그 결과 여자의 권리가 너무나 무거워져 가도家道가 이루어지지 않는다.[6]

유교적 가부장제는 자신의 성적 욕망으로 인해 여성의 개가를 허락하지 않았다. 만약 개가한 여성이 있을 경우, 그 자손에게 청직을 허락하지 않았다. 따라서 여성이 집안에서 어떤 행위를 한다 하더라도 도리어 법적으로 내쫓는 것이 불가능했던 것이다. 이익은 그 결과 도리어 여성의 권리가 무거워지고 가도가 없어진다고 지적한다. 그것은 가부장제의 권력이 도리어 쉽게 집행되지 못한다는 것을 의미한다. 그리하여 가부장적 가문 내에서 모순되는 현상이 빚어졌다.

> 나는 사나운 아내를 둔 사람을 많이 보았다. 그는 일마다 아내에게 억

눌려 감히 기를 펴지 못하였다. 그의 사람됨은 볼 것이 없었지만, 끝내 집안을 보존하는 주인이 되었다. 하지만 혹 꺾이기를 싫어하여 서로 싸우다가 반목한다는 비난을 받는 사람은 종신토록 고뇌하며 산다. 혼인관계를 맺지 못하고 집안이 어긋나고 어지러워진 것을 감추지 못한다. 그 이해가 이와 같다.[7]

'사나운 아내'는 가부장제에 순종하지 않는 여성이다. 이익의 발언은 가부장제에 포획된 여성이 쉽게 훈육되지 않고 있음을 반증한다. 도리어 여성은 가부장제 내에서 적응했던 것이고, 그럴 경우 더더욱 통제가 쉽지 않았던 것이다. 그럴 경우 남성들이 흔히 동원하는 방법은 폭력이었다.

이익은 〈출처〉에서 폭력을 정당화하는 이야기 하나를 들고 있다. 어떤 전장銓長이 어떤 무인을 지방 수령으로 삼으려 하자, 참의參議가 그 무인이 적처를 구타한 일을 들어 반대하였다. 전장은 "처는 정말 배필이기는 하지만, 술이 있는데도 없다고 하고, 첩은 없는데도 있다고 하여 남편의 뜻을 거스르고 어지럽히니, 장부의 마음에 때로는 구타하고 싶었을 것이오. 어찌 저 무부를 각박하게 나무랄 수 있겠소?"[8]라고 답한다. 여기서 '첩은 없는데도 있다고 한다'는 말에 주목할 필요가 있다. 소화笑話로 보이지만, 역시 남편과 아내의 쟁점은 '첩'의 유무에 있었던 것이다. 이것은 남성과 여성, 곧 남편과 아내 사이의 가장 큰 문제가 남성-사족의 성적 욕망의 확장에 있었음을 드러내는 것이다. 남성의 성적 욕망의 확장에 저항하는 여성의 경우 폭력으로 응징할 수도 있음을 드러낸다는 점에서 위의 이야기는 매우 시사적이다.

이익의 주장은 오직 가부장제 위에 서 있다. 하지만 그의 주장은 가부장제의 모순을 있는 그대로 드러낸다. 이 모순을 해결하는 방법은 역시 여성에 대한 처벌과 축출 외에는 없다고 주장한다.

나라에서 악을 징계할 경우, 가르쳐도 따르지 않으면 처벌하고, 처벌해도 따르지 않으면 죽여버린다. 그것은 위엄을 보이기 위해서다. 저 여자들은 천성이 불량한 데다 또 내쫓는 법까지 없으니, 성인의 지혜가 있다 해도 어쩔 수가 없을 것이다.

여자들의 투기는 본디부터 이상할 것이 없다. 하지만 불효한데도 감히 쫓아내지 못하니, 세도가 어찌 늘 타락하지 않을 수 있겠는가? 혹은 "그렇게 하지 않으면 여자들이 죄 없이 쫓겨나는 경우가 많을 것이다."라고 하지만, 이것은 부녀자들을 편드는 말이다. 성인이 어찌 그 점을 생각하지 않고 칠출七出의 제도를 만들었겠는가?

법은 폐단이 없지 않은 것이다. 하지만 불효하고 불순不順하여 명교를 무너뜨리고 집안을 망치는 것이 더욱 해가 됨을 보지 못한단 말인가?[9]

하지만 여성을 내쫓는 것이 해결책이 될 수 없음은 이미 신태영 사건에서 김진규가 주장한 바 있다. 이 문제는 원천적으로 유교적 가부장제와 그 속에 내장된 남성의 성적 욕망, 그리고 노비 제도에 있었기 때문이다. 따라서 가부장제의 모순은 점점 더 심해져갔다.

18세기 말 이덕무李德懋가 쓴 《사소절士小節》의 한 부분인 〈부의婦儀〉는 송시열의 〈계녀서〉와 같은 성격의 것이지만, 가정 안에서 일어나는 구체적 상황을 담고 있어서 사족 가정 내부의 모습을 살필 수 있다.

말하자면 이익이 우려했던 문제의 확산을 고스란히 다루고 있는 것이다. 이덕무는 〈부의〉에서 가부장제 내부의 처첩제가 갖는 문제를 심각하게 지적하고 있다. 이덕무는 먼저 남편이 첩을 들이는 이유를 이렇게 밝힌다. 정처가 고질병이 있어 가사를 처리할 수 없을 경우, 자식이 없어 제사를 받들 수 없을 경우다. 이럴 경우 남편이 첩을 두고자 하지 않아도 권하는 것이 정처의 올바른 태도라고 말한다. 축첩의 합리화다. 하지만 이런 경우는 사실 많지 않으며, 또 이런 이유로 축첩하는 경우는 예외적이다. 축첩의 본질은 남성의 욕망을 충족시키려는 데 있었다. 이덕무는 이 부분을 솔직히 지적한다.

설사 아내에게 병이 없고 아들도 있지만, 남편이 여색을 탐해 첩을 많이 두고, 본성을 잃고 어긋난 행동을 하면서 여자들에게 빠져서 부모를 돌보지 않고 가산을 탕진한다면, 마땅히 정성을 다해 간곡하게 말리고 또 눈물을 흘리며 자신의 말이 남편을 사랑하고 아끼는 마음에서 나온 것이지 질투에서 나온 것이 아님을 분명히 보여주어야 할 것이다. 그러면 남편이 어찌 감동해 뉘우치지 않을 리가 있을 것인가?

다만 편협한 성품으로 화와 독기를 내키는 대로 내뿜어 부부가 반목하게 되고, 심지어 저주하여 해치는 일까지 하지 못하는 바가 없다면, 어찌 슬퍼할 일이 아니겠는가?[10]

이덕무 스스로 털어놓고 있듯 '여색을 탐하는 것'이 축첩 제도의 본질이다. 축첩으로 인해 부모와 자식을 버리고, 가산을 탕진할 수도 있다. 그런데 이 글에서도 중요한 것은 남성이 아니다. 이덕무는 여성에게 그래도 원망하거나 분노하지 말라고 요구한다. 남편이 복수의 여성과 성관계를 갖더라도 결코 분노하거나 원망하지 말 것! 이것이 유교적 가부장제가 여성에게 요구하고 싶은 욕망이었던 것이다.

신태영의 경우에서 보듯, 그 욕망은 일방적으로 관철될 수 없었다. 여성이 저항할 경우 가부장제 위에 서 있는 가문 자체가 붕괴할 수도 있었다. 여성을 끊임없이 훈육했는데도 사족 가문은 늘 위기 상태에 있었다. 이덕무가 "적처와 첩 사이에는 은혜와 위엄이 아울러 행해져야 한다. 그래야 가법이 어지러워지지 않는다."[11]고 말한 것은 사실상 적처-첩의 관계가 대부분 분쟁 상태에 놓여 있음을 방증하는 것이다. 왜냐? "단지 은혜만 베풀면 첩이 방자하여 분수를 모르고 기어오르고, 위엄만 베풀면 원망해 해치기를 꾀하기"[12] 때문이다. 물론 적처는 법과 제도에 있어서 첩보다 우위에 있다. "첩은 본래 적처에 비해 천한 것"이기 때문이다. 하지만 첩은 '남편의 안신물安身物'이므로 노비처럼 업신여기고 학대해서는 안 될 것이다. 첩의 자식 역시 내 자식의 형제이고, 남편의 소생이고, 시부모의 혈기다. 따라서 내 자식처럼 사랑해야 할 것이다. 하지만 현실은 전혀 그렇지 않다. 현실 속의 적처는 첩을 소나 말처럼 구박하고 원수처럼 미워한다. 첩을 질투하는 마음 때문에 첩의 자식에게까지 죄를 묻는다.[13]

이덕무의 지적은 첩과 첩의 자식을 학대해서는 안 된다는 것이지만, 그 말은 사실상 그런 현상이 이미 존재하고 있음을 전제한다. 당연히 가부장적 친족제의 현실은 혼란스럽다.

그러므로 그 자식도 자기 어머니의 행위를 본받아 그 형제를 업신여긴다. 남편은 적처의 질투가 무서워 사랑하는 자식을 박대한다. 습속이 굳어지자 천륜이 무너지니, 오직 한 글자 '질투[妬]'에서 비롯되는 것이다.[14]

정처의 자식은 첩 형제를 업신여긴다. 남편 역시 정처를 두려워하여 첩에게서 얻은 자신의 자식을 박대한다. 가부장적 질서는 이로 인해 무너진다. 이런 현상은 광범하게 일어났던 것으로 보인다. 이덕무는 이렇게 말한다.

> 적자嫡子·적부嫡婦·적손嫡孫은 비록 어릴지라도 첩모妾母가 처음부터 어루만져 기르느라 수고했을 것이다. 그러나 혹은 능멸하고 흘겨보며 악담을 더하여 참소하는 말이 흘러다니기도 하니, 정말로 집안을 어지럽힐 징조다.
> 가장은 마땅히 밝게 살피고 엄하게 징계하여 조금도 너그럽게 용서하지 않아 그 조짐을 막아야 할 것이다. 예부터 골육이 서로 해친 나머지 나라가 망한 것을 너무나도 분명히 볼 수 있다.[15]

이덕무의 발언은 적자·적부·적손이 첩모를 능멸하는 경우가 흔히 있음을 드러낸다. 가부장제 아래 있는 사족 가문은 이로 인한 분쟁이 끊이지 않았다.

이런 혼란의 근거를 이덕무는 가부장제 자체의 모순이 아니라 오직 '정처의 질투'에서 찾는다. 그것은 문제의 핵심을 잘못 짚은 것이었다. 유교적 가부장제가 남성-사족의 잉여의 성욕을 충족시키고자 하는 의도를 안고 있는 한 질투는 영원히 지워질 수 없었다.

맺음말

목구멍에 박힌 가시

이익은 가부장제에 적응하면서 저항하는 여성을 가정 외부로 쫓아낼 수 없음을 한탄했지만, 문제는 조선조가 끝날 때까지 해결되지 않았다. 단계적 부계 친족제, 부처제로 바뀐 이후 여성은 무엇보다 먼저 남편에게 종속된 처妻로 존재하였다. 그런데 그 종속된 처를 가부장제는 가정 외부로 쉽게 내쫓을 수 없었다. 곧 간통이나 확실한 증거가 있는 불효가 아니라면 그 어떤 경우에도 법적인 이혼 자체가 불가능했던 것이다.

신태영은 바로 그 점을 입증하였다. 신태영의 경우 물리적으로 집에서 쫓겨났지만 전처의 아들 유언명의 집에서 기거할 수 있었고, 또 정처라는 법적 지위를 잃지 않았다. 유정기는 소송을 통해 정처의 지위를 빼앗으려 했지만, 제주를 오염시켰다든가 불효했다든가 하는 일방적인 주장은 명백한 증거가 될 수 없었다. 단지 남편인 자신을 모욕했다는 것만으로는 이혼이 성립되지 않았다.

한편 신태영은 매우 영리하게 대응하였다. 그녀는 감옥살이를 하면서도 유정기가 내세운 모든 주장을 조리 있게 부정했으며, 나아가 유정기의 이상한 성적 취향을 공개하여 유정기에게 불명예를 안겼다. 아울러 신태영은 전처의 아들 유언명의 불효를 주장하였다. 그것은 자신이 시부모에게 불효했다는 주장에 대응하기 위한 전략으로 보인다.

유정기가 신태영과 불화하게 된 원인은 비첩 예일을 사랑하여 가사권을 넘긴 데 있었다. 이혼을 주장한 임방과 이여는 그 점에 대해서 침묵했지만, 신태영은 심리가 시작되어 말할 기회를 얻자 그 점을 정확하게 지적했다. 축첩제하에서 남성은 종종 첩에게 가사권을 넘겼던바, 그것은 가부장제 안에서 불화의 씨앗이 되었던 것이다. 축첩 제도는 원래 유교적 가부장제가 내장한 남성-사족의 성적 욕망을 제도적으로 구체화한 것이다. 이로 인한 여성의 저항이 조선 전기에는 주로 비첩의 살해로 나타났지만, 17세기 중반에 시집살이가 완전히 자리 잡으면서 여성은 현실적인 힘을 잃기 시작했다. 아울러 남성-사족은 〈우암선생계녀서〉 등의 여성 훈육서를 만들어 여성을 가부장적 윤리로 훈육하기 시작했고, 그중에서도 질투의 감정을 드러내지 않는 것이 여성이 지켜야 할 최고의 윤리라고 선전했다.

하지만 결과는 만족스럽지 않았다. 신태영 사건에서 보았듯, 여성이 저항하는 경우 결코 가문에서 축출할 수 없었다. 물리적 축출은 가능하다 해도 법적인 축출은 불가능했다. 기계 유씨 집안 중 유정기 일계가 신태영과의 이혼 사건 이후 완전히 몰락했던 것처럼, 여성의 저항이 거셀 경우 남성의 가문은 치명상을 입었다. 신태영 사건은 사족 여성은 간통이나 불효 같은 사건을 저지르지 않는다면 이혼이 불가능하다는 것을 사족 사회에 알린 셈이었다. 이혼이 아니라 집에서 처를 내쫓는 것이 가능하다 해도 그것은 사족 사회에서 불명예가 되었고, 그로 인해 자식들은 불이익을 받을 수 있었다.

여성은 17세기 중반 이후 남성의 가문에 편입되었고, 또 남성-사족의 성적 욕망의 확장으로 인해 심리적 고통에 직면했지만, 시간이 흘러 노년이 되면 노인을 존중해야 한다는 윤리로 인해 대우를 받을 수 있었다. 아들이 성장하면 여성은 '효'라는 윤리 관계에서 상위에 서게 되었다. 또 아들이 결혼하면 시어머니-며느리의 관계에서 가부장의 역할을 하게 되었다. 이제 여성은 아들과 며느리를 지배하면서 가부장이 되어 가문을 지배할 수 있었다. 여성은 가부장제 안에서 스스로 적응하면서 저항했던 것이다.

유교적 가부장제가 여성을 주체 없는 존재이며, 따라서 남성에게 종속되는 존재라고 규정하고, 단계적 부계 친족제 안으로 여성을 포획하면서부터 여성이 남성의 통제 아래 들어간 것은 확실한 사실이다. 하지만 여성은 가부장제에 적응하면서도 반발하였다. 여성의 주체는 사라지지 않았고, 여전히 살아 있었다. 신태영은 그것을 보여주었다. 남성-사족의 가부장제는 여성을 삼켰으나, 여성은 가시가 되어 목에 박혔다. 더 깊이 삼킬 수도 없고, 쉽게 뱉을 수도 없었다. 남성에게도 그것은 불행이었다.

주

서장 | 유교적 가부장제 속 남녀 관계

1)《태종실록》2년(1402) 1월 8일(2). "臣等謹按昏義, 曰: '諸侯一娶九女, 娶一國則兩國媵之, 皆以姪娣從也. 卿大夫一妻二妾, 士一妻一妾, 所以廣繼嗣防淫泆也.' 前朝之制, 婚禮不明, 嫡妾無制, 多或至於踰數, 以至僭亂, 少或至於闕數, 以至絶嗣. 其不循先王之典, 以紊人倫, 非細故也. 惟我國家, 凡所施爲, 動遵成憲, 婚姻之禮, 尙循舊弊, 非所以正始之道也. 伏望殿下, 一依先王之制, 以備宮壺之儀, 至於卿大夫士, 亦依定制, 致不絶嗣, 毋或踰越, 以正人倫之本, 如有違者, 憲司糾理."

2)《태종실록》, 같은 곳. "時, 上卽位未久, 嬪御未備, 但有平時侍女. 靜妃性妬忌, 未能逮下, 上欲備嬪御也."

3)《태종실록》11년(1411) 9월 19일(2). "竊惟嘉禮, 所以正內治, 上以奉宗廟, 下以繼後嗣, 不可不愼重而備禮. 謹按禮記, 曲禮曰: '公侯有夫人, 有世婦, 有妻有妾.' 而不言其數, 昏義曰: '天子后立六宮三夫人九嬪二十七世婦八十一御妻, 以聽天下之內治; 天子立六官三公九卿二十七大夫八十一元士, 以聽天下之外治.' 則內治之數, 與外治同矣. 王制曰: '大國三卿, 下大夫五人, 上士二十七人.' 禮記, 祭義: '諸侯夫人立三宮, 則大國之夫人立三宮三世婦五妻二十七妾矣.' 又按春秋胡傳曰: '諸侯一娶九女. 嫡夫人行, 姪娣從, 則夫人一媵二姪娣六也.' 臣等竊謂自漢以來, 天子之后曰皇后, 諸侯之夫人曰妃. 今我國家, 旣有妬婦, 正位中宮, 然於古制, 有所未備, 乞依古制, 妙選勳賢忠義之裔, 以備三世婦五妻之數, 其稱號則以世婦爲嬪, 以妻爲媵, 以爲後世之法, 庶合興望."

4) 이에 대해서는 강명관,《열녀의 탄생》, 돌베개, 2009에서 이미 논의한 바 있다.

1장 | 유정기와 신태영의 1차 이혼 소송 1704~1706

1) 정호(鄭澔), 〈고판관유공묘지명(故判官兪公墓誌銘)〉,《장암집(丈巖集)》:《한국문집총간(韓國文集叢刊)》a157, 327면. "七八歲, 出就外傅. 十五, 徧讀四書三經, 兼治太史公文."

2) 이인(李濱)에 대해서는 권상하(權尙夏), 〈승지이공인묘지명(承旨李公濱墓誌銘) 병서(幷序)〉, 《한수재집(寒水齋集)》: 《한국문집총간》a151, 44~47면을 보라.

3) 《승정원일기》 숙종 12년(1686) 11월 25일(4/19).

4) 정호, 앞의 글, 327~328면. "庚午八月, 黜繼室申氏. 申女悍惡異常, 事父母不順. 一日, 公以祀饗事責諭, 則申女悲罵之言, 上及考妣, 遂大會諸姊妹, 議其黜絶. 諸姊妹痛哭而出先妣遺書曰: '此人平日待舅姑不道. 先妣以諸孫子女婚嫁未畢, 故隱忍以度, 臨絶遺此書, 使吾等待時而發.' 公見其書, 卽申女不孝叵測事也. 驚慟隕絶久而後甦, 遂具文, 告几筵及家廟, 聲罪黜之."

5) 십악대죄(十惡大罪)는 《대명률(大明律)》에서 정한 열 가지의 큰 죄를 말한다. 《당률소의(唐律疏義)》에 의하면 "謀反·謀大逆·謀叛·惡逆·不道·大不敬·不孝·不睦·不義·內亂"이다. 죄를 용서해줄 수 있는 경우에서 제외한다.

6) 정호, 앞의 글, 328면. "以先君子之文翰, 終蹶大科, 爲吾至恨. 今幸得科名, 庶慰先靈."

7) 《한국계행보(韓國系行譜)》상(上), 천(天), 보고사(寶庫社), 1992, 2353면. "彦明晦之登第, 素有文名, 嘗以禮曹郞爲收議, 往安山尹相趾完家. 尹相呼使至前, 見筆翰如飛, 於文字亦無窒碍. 歎曰: '此眞人材也.' 招所帶書吏, 問其姓名, 復歎曰: '人材雖如此, 以世間薄相, 未有如此人者矣.' 座上客聞而傳之, 而已果驗."

8) 《승정원일기》 숙종 27년(1701) 1월 3일(14/16).

9) 《승정원일기》 숙종 27년(1701) 8월 20일(13·32·35/50).

10) 《승정원일기》 숙종 27년(1701) 12월 23일(13/31).

11) 정호, 앞의 글, 328면. "辛巳, 差山陵都監監造官, 訖役復命, 還江寓."

12) 《승정원일기》 숙종 28년(1702) 2월 19일(14/16).

13) 《승정원일기》 숙종 30년(1704) 9월 4일(19/20).

14) 《승정원일기》 숙종 30년(1704) 9월 16일(7/23). "吏批, 以任堕爲掌令, …… 兪正基爲兼左水運判官."

15) 정호, 앞의 글, 328면. "壬午拜宗簿主簿, 卽呈遞. 公自徑申女變故, 恨未處置於父母在世時, 以爲大慟, 常以罪人自處, 無意於仕宦, 有除輒辭."

16) 《승정원일기》 숙종 30년(1704) 9월 24일(15/17). 임방이 올린 계사는 그의 문집 《수촌집(水村集)》에 〈좌수운판관 유정기 후처 신씨 청리이계(左水運判官兪正基後妻申氏請離異啓)〉란 긴 이름으로 실려 있고, 9월 24일의 《숙종실록》과 《승정원일기》에도 실려 있다. 몇 부분 글자의 이동이 있을 뿐 내용은 거의 동일하다. 여기서는 《수촌집》의 것을 따른다.

17) 임방(任堅), 〈영광으로 갈 때 이성로·유정기가 술 한 병을 차고 와서 길가에서 전별해주었고, 반영은 시를 지어주었다. 이에 그 자리에서 차운하여 답했다(赴靈光. 李聖老·兪正甫正基佩一壼, 出別於路左, 班莉贈詩, 立次以酬)〉,《수촌집》:《한국문집총간》149, 90면. "莫怪臨行勸酒頻, 驛梅何處寄音塵. 湖南此去三千里, 雲錦中宵獨望宸."

18)《승정원일기》숙종 30년(1704) 9월 24일(15/17). "我國無出妻之法, 故雖有悍妻惡婦, 莫敢相絶, 以至於喪家而滅倫者, 多有之. 痛惋莫此爲甚."

19)《경국대전(經國大典)》(번역편) 형전(刑典)〈금제(禁制)〉, 한국정신문화연구원, 1995, 442면. "受婚書而再許他人成婚者, 其主婚者論罪, 離異."

20)《경국대전주해(經國大典註解)》, 아세아문화사, 1983, 320면. "離異. 理, 別也; 異, 分之也. 言婦女歸宗也. 女歸前夫, 有乖婦道, 故只令離離其再許成婚之夫, 勿歸前夫."

21) 발견되는 경우라 할지라도 그것은 왕실에 관련되거나 처가살이로 인해 여성의 권력이 상대적으로 우월한 경우에 한정되는 것이었다. 그나마 그런 사례는 점차 줄어들고 있었다.

22) 임방,〈좌수운판관 유정기 후처 신씨 청리이계〉,《수촌집》:《한국문집총간》a149, 168면. "正基據禮聲罪, 告祠而出之矣. 其後來托於其前妻之子, 正基因救子病, 將留于家. 申女知不相容, 又發恚怒, 中夜單身步行出走, 女子失身, 莫大於此. 正基雖已告祠出送, 不可不呈官顯黜以正倫常, 故枚擧前後罪狀. 呈禮曹請其離異, 則禮曹以國典所無論題不許."

23)《승정원일기》숙종 28년(1702) 1월 25일(4/12). "府啓: '新除授持平兪彦明, 時在京畿衿川地, 請斯速乘馹上來事, 下諭.' 答曰: '下諭事, 依啓.'"

24)《승정원일기》숙종 28년(1702) 2월 2일(12/25). "京畿監司書目: '高陽呈以校理李晚成·持平兪彦明辭職上疏上送事. 啓.' 答曰: '省疏具悉, 爾其勿辭, 上來察職.'"

25)《승정원일기》숙종 28년(1702) 4월 11일(7/8).

26)《승정원일기》숙종 28년(1720) 4월 28일(12/25). "臣之情勢, 決難仍冒, 而不敢一向偃伏, 昨夕入城. 臣母宿患風火之症, 夜來猝劇, 憂遑煎灼, 決難供仕. 而適於此際, 召牌下降, 暫詣闕外, 陳疏徑歸. 伏乞聖慈, 鐫臣職名, 俾得救護母病事."

27)《승정원일기》숙종 28년(1702) 4월 28일(21/25). "臣母, 本以風火之症, 或有猝劇之時, 自夜來病勢發作, 遍身烘熱, 頭腦暈痛, 肢節酸疼, 精神昏困, 氣力漸綴, 憂遑煎灼, 急尋醫藥."

28) 임방, 앞의 글. "性情乖戾, 言行悖惡, 怪愕之擧, 不一而足."

29)《소학(小學)》명륜(明倫) 제2. "孔子曰: '婦人, 伏於人也. 是故, 無專制之義, 有三從之道.'"

30) 임방, 앞의 글. "初以詬辱其夫爲能事, 仍復上及於舅姑, 終日發口, 無非辱說, 而其所爲言, 慘不忍聞. 只論此罪, 已難容貸, 而至於以汚穢之物, 和於祭酒, 作亂於祠堂, 祭席等物, 盡爲裂破."

31) 임방, 같은 글, 같은 곳. "正基乃是兪家大宗."

32) 임방, 같은 글, 같은 곳. "故枚擧前後罪狀, 呈禮曹, 請其離異, 則禮曹以國典所無, 論題不許."

33) 임방, 같은 글, 같은 곳. "正基乃是兪家大宗. 一門宗族, 共以爲失身悖亂之女, 不可使主宗祀, 五十餘人, 聯名呈單, 復請離異, 則禮曹又爲論退不許."

34) 임방, 같은 글, 같은 곳. "離異之法, 雖無令申之所定, 曾前因夫家之呈狀, 許令離異者, 亦多有之." 하지만 그런 경우가 발견되지는 않는다.

35) 《승정원일기》 숙종 30년(1704) 9월 24일(15/17). "掌令任堂啓曰: '…… 請兪正基後妻申氏, 令該曹, 特許離異, 考法處決, 以正其罪.' 答曰: '不允. 末端事, 依啓.'" 숙종은 말단의 일, 곧 신태영을 이혼시키는 일에 대해서는 아뢴 대로 하라고 허락하고 있다.

36) 《승정원일기》 숙종 30년(1704) 2월 8일(18/18). "吏批, 以李翛爲司瞻主簿, 黃欽爲大司諫, 訓鍊都監提調單金鎭龜, 閔鎭厚爲禮曹判書."

37) 《승정원일기》 숙종 30년(1704) 9월 25일(11/11). "似聞申氏悖惡之行, 搢紳間亦多言之者云, 而朝家處事, 不可不預防後弊. 若或有反目者, 搆成虛辭, 呈狀離異, 亦豈不爲倫常之變耶? 離異一款, 固當勿施."

38) 유정기 집안에서만 일방적으로 이혼을 요구한 것과는 경우가 다르다는 말이다.

39) 《승정원일기》 숙종 30년(1704) 9월 25일(11/11). "今則臺啓旣發, 與只聽一邊呈訴者, 事體稍異, 而刑曹將有考律處決之事."

40) 《승정원일기》, 같은 곳. "蓋我國元無離異之法, 至於被虜婦女, 亦不許離異. 孝廟初年, 臣之外祖父文正公宋浚吉, 以臺官論啓, 始命離異. 此外或有以惡行離異者, 而至於收議大臣而許之."

41) 원문에는 15년으로 되어 있으나 실제로는 13~14년이므로 고쳐서 썼다.

42) 《승정원일기》 숙종 30년(1704) 9월 26일(18/27). "蓋聞正基告祠出送之後, 卽欲呈官請離, 而其子彥明, 以死力爭, 以致十五年之延拖."

43) 《승정원일기》, 같은 곳. "素不孝於其所生之母, 至於絶恩, 母子之間, 有同仇讐, 故不歸本家, 而寄寓於京中其兄之空舍. 其舍狹室, 有無賴常漢, 日夜聚會, 賭錢酗酗, 雜亂無比. 其兄來見大駭, 驅逐禁止, 則申女因此發怒, 與兄鬪鬨, 手自放火於其室. 隣里見火驚救, 則申女出而大叱曰: '吾自焚吾舍, 誰敢來救乎?' 隣里皆却, 遂爲灰燼."

44) 《승정원일기》, 같은 곳. "其悖亂怪惡, 他可推知."

45) 《승정원일기》, 같은 곳. "至於乘夜出走, 則雖不目見其失行, 而黑夜深更, 單身獨出, 步穿街巷, 遠往他洞, 若遇强暴, 必受汚辱, 其所失身, 何異失行?"

46)《승정원일기》, 같은 곳. "今若査問申女, 箇箇發明, 則將不免使其夫對辨, 兩言旣異, 則將從其發明之言, 而伸釋不治乎?"

47)《승정원일기》, 같은 곳. "況不信其夫之訴, 而使妻證夫, 關係綱常."

48)《승정원일기》, 같은 곳. "凡爲人父者, 以其子悖惡擧狀, 則勿論已出與養子, 一從其父狀而施行, 本無究問於其子之事. 今以夫告妻之惡行, 不許聽施, 將加査辨, 則此何異於不信父告, 而更問於其子者乎? 其傷倫紀, 而敗風敎, 莫大於此, 世間安有如許道理耶?"

49)《승정원일기》, 같은 곳. "或者以爲, 夫婦則配體, 與君臣父子, 不無稍異, 此亦甚不然."

50) 이이(李珥), 〈거가장(居家章)〉 제8,《격몽요결(擊蒙要訣)》,《율곡전서》:《한국문집총간》a45, 89면. "今之學者, 外雖矜持, 而內鮮篤實. 夫婦之間, 衽席之上, 多縱情慾, 失其威儀. 故夫婦不相昵狎, 而能相敬者甚少. 如是而欲修身正家, 不亦難乎! 必須夫和而制以義, 妻順而承以正, 夫婦之間, 不失禮敬, 然後家事可治也, 若從前相狎, 而一朝遽欲相敬, 其勢難行. 須是與妻相戒, 必去前習, 漸入於禮可也. 妻若見我發言持身, 一出於正, 則必漸相信而順從矣."

51)《승정원일기》숙종 30년(1704) 9월 26일(18/27). "聖人之定爲三綱, 其義至嚴且重. 夫之於妻, 爲綱則一也, 安可分輕重同異於其間耶?"

52)《승정원일기》, 같은 곳. "且離異之法, 雖云國典之所無, 而大明律刑典, 妻毆夫條, 夫願離則聽, 昭然載錄. 國朝刑法, 一遵明律, 則此亦國典也, 何以云非國法也?"

53)《대명률(大明律)》, 〈형률(刑律)〉, '妻妾毆夫'. "凡妻毆夫者杖一百, 夫願離者聽, 須夫自告乃坐."

54)《승정원일기》숙종 30년(1704) 9월 26일(18/27). "只曰, 夫願離則聽, 不言査究者, 蓋以其夫之所告, 不可置之疑信而更問也."

55)《승정원일기》, 같은 곳. "又以直加離異之罰, 則世間反目之類, 將接跡請離爲慮, 此亦有不然者. 罪惡彰著, 世所共知, 則聽許, 事跡暗昧, 人所難明, 則不許, 政理當然, 無可疑者, 爲慮後弊, 而一切膠柱, 則無亦近於因噎而廢食耶?"

56)《승정원일기》숙종 30년(1704) 9월 28일(7/10). "凡爲國之道, 不出於禮法二者, 禮在其先, 法在其後, 法者所以佐禮者也. 欲行其法, 而苟害於禮, 則寧捨法而取禮, 無乖於倫常之義, 此誠爲國者之所宜懼重處也. 宗伯之意, 蓋以罪犯不道, 不可徑斷, 先加査問, 然後許異, 此則守法之言也. 臣意以爲, 夫告妻罪, 事異訟辨, 倫紀所關, 宜卽聽許, 此則據禮之論也."

57)《승정원일기》, 같은 곳. "各自有執, 所爭者公, 宗伯之言, 亦不無所見. 此聖上之所以始從臺啓, 而復許宗伯之請者也."

58)《논어(論語)》〈위정(爲政)〉. "子曰: '道之以政, 齊之以刑, 民免而無恥; 道之以德, 齊之以禮, 有恥且格.'"

59)《승정원일기》숙종 30년(1704) 9월 28일(7/10). "若使其夫, 獨告其妻之罪, 則容或有愛憎之偏, 讒訐之誣, 而難可聽信者."

60)《승정원일기》, 같은 곳. "子女奴婢, 旣不可問, 此外他人, 非所干預. 勢將只使其夫對辨, 夫婦相訟, 兩言各異, 則當何以查得而明之乎? 所謂查究, 恐終歸虛而不成也."

61)《승정원일기》숙종 30년(1704) 9월 29일(15/22),《숙종실록》같은 날 첫 번째 기사, 그리고 송상기(宋相琦)의 문집인《옥오재집(玉吾齋集)》에 실려 있다. 송상기,〈대사헌을 인피하는 계사(大司憲引避啓)〉,《옥오재집(玉吾齋集)》:《한국문집총간》171, 439면. 몇 글자만 제외하면 동일하다. 여기서는《승정원일기》쪽을 택하고, 필요한 경우 다른 자료를 참고하겠다.

62)《승정원일기》, 같은 곳. "其所謂厥夫擧狀, 諸族投單, 別無更問之端云者, 似矣而實不然."

63) 이 부분의《승정원일기》의 원문은 "家族他人, 獨無可問之道乎?"로 되어 있고,《숙종실록》과《옥오재집》은 "宗族他人, 獨無可問之道乎?"로 되어 있다. '宗族'이 맞는 것으로 보인다.

64)《승정원일기》숙종 30년(1704) 9월 29일(15/22). "而今乃不分虛實, 先欲勘斷, 有若畏其女之口, 而曲從其夫之願者."

65)《승정원일기》, 같은 곳. "朝家政刑, 恐不當若是, 而受罪者亦豈肯無辭而心服乎?"

66)《승정원일기》, 같은 곳. "至於不行查問, 參酌勘罪云者, 尤所未曉. 此是何等罪犯, 何等律名, 而一不究覈, 置之於半生半死之間乎? 凡死罪之酌處者, 臺臣爭執, 則臣聞之矣. 未聞執法之地, 先發參酌之請也."

67) 이 계사는《숙종실록》에는 실려 있지 않고,《승정원일기》와《수촌집》에 실려 있다.《승정원일기》숙종 30년(1704) 9월 29일(17/22). 임방,〈대사헌 송상기가 견해가 같지 않다고 인피한 일로 인하여 대간의 직임을 갈아주기를 청하는 계사(因大司憲宋相琦所見不同引避, 請遞臺職啓)〉,《수촌집》:《한국문집총간》149, 170~171면.《승정원일기》쪽이 훨씬 내용이 풍부하다. 여기서는《승정원일기》쪽을 인용한다.

68)《승정원일기》숙종 30년(1704) 9월 29일(17/22). "若如此言, 則有若以申女之罪, 置之疑信之間, 離異當否, 不可預定者然. 此豈非事理不然, 而人所慨惋處耶?"

69)《승정원일기》, 같은 곳. "凡人有告, 必先查究而後從之者, 指等閑爭辨者言也. 豈夫願離妻, 而罪狀已著者之謂哉? 設欲查究, 先離後查, 名正言順, 有何不可? 而必欲先查後離者, 抑何故耶?

70)《승정원일기》, 같은 곳. "且其罪犯甚重, 而旣難查究, 則直勘死律, 恐涉重大. 故臣以參量定律, 未或不可爲辭. 此指前頭朝家處置之道而言, 非臣直請勘以此律也. 雖執法之官, 只當隨其罪之當死當生而論, 豈有惟言其死, 而不得言其生之理耶?"

71)《숙종실록》30년(1704) 9월 30일(1). 이 기사는《승정원일기》에는 없다.

72) 《승정원일기》숙종 30년(1704) 10월 1일(8/13).

73) 《숙종실록》30년(1704) 10월 9일(2). "申女泰英下獄."

74) 《승정원일기》숙종 30년(1704) 10월 8일(8/12). "又以刑曹言啓曰: '凡朝官有罪者, 皆自禁府推問, 自是規例也. 朝官之妻, 亦皆從本職, 有某人爵號, 則所當與朝官一體論之. 而今此申氏, 以朝官之妻, 未爲離異, 則自本曹不可推覈, 移義禁府處置, 何如?' 傳曰: '允.'" 같은 내용이 《승정원일기》숙종 30년 10월 9일(9/9)에도 실려 있다.

75) 《승정원일기》숙종 30년(1704) 10월 10일(8/25). "又以義禁府言啓曰: '以刑曹啓辭, 左水運判官兪正基妻申氏, 移本府處置事, 允下矣. 申氏, 今方待命, 卽爲拿囚之意, 敢啓.' 傳曰: '知道.'"

76) 《승정원일기》숙종 30년(1704) 10월 19일(9/16). "禁府啓目, 泰英議處云云, 各項罪目, 皆出於彦明之不以母道事之, 終至搆成是如爲白乎矣, 此是問目之外秒不喩, 旣有母子之名, 則不可使之相證是白置. 家族之聯名呈狀是白在, 狀頭一人, 讒搆成罪是白在, 婢妾禮一, 夜行時親見是白在, 朴雲山率去是白在, 朴雲山婢順介·彦明婢二生·其夫家婢太禮·其矣婢禮業等, 卽爲拿問後稟處, 何如? 啓依允."

77) 《승정원일기》숙종 30년(1704) 10월 28일(3/9).

78) 《승정원일기》숙종 30년(1704) 11월 5일(5/13). "幼學兪命賚元情云云: '許多同族, 豈有猝聽正基之强囑, 搆捏無罪之人是白乎旀, 矣身與正基七寸之親, 旣非同居一室之人, 則家內所爲之事, 豈有耳聞目見之事乎? 矣身段, 此外更無所達是如爲白乎旀."

79) 《승정원일기》, 같은 곳. "二生段, 以爲泰英, 乘夜逃還本家之時, 別無失身之事是如爲白乎旀, 其矣身隨往, 至於明禮洞本家, 亦爲之實是如."

80) 《승정원일기》, 같은 곳. "與向前禮業·順介·太禮等, 一樣納供爲白置."

81) 《승정원일기》, 같은 곳. "命賚以爲: '雖不見, 見正基家常常參祭往來之際, 親聽正基之言, 豈有同宗有不聞者乎.' 是如爲白臥乎所."

82) 《승정원일기》, 같은 곳. "與泰英所供, 節節相左, 泰英處, 以此更推後, 稟處, 何如?"

83) 《승정원일기》숙종 30년(1704) 11월 9일(5/8). "義禁府啓曰: '今月初三日本府開坐, 兪命賚捧招時, 供辭正書之際, 正基自外入送元情草一本, 使羅將傳給下吏, 改書以入, 而蓋爲命賚代草, 而命賚則不知者也. 雖因郎廳之發覺, 退斥不用, 而王府事體, 至嚴且重, 罪人供辭, 元非外人所可改易, 而自外代述, 私自入送之狀, 誠極可駭. 傳授書吏·羅將, 令攸司囚治, 而兪正基, 不可置, 而不問, 拿問, 何如?' 傳曰: '允.'"

84) 《숙종실록》30년(1704) 11월 14일(2) "爲正基妻, 今卄七年, 而戊辰以前, 連生五子女, 夫婦無相失之事. 戊辰以後, 正基惑於婢妾, 以至於此, 所被罪名, 無非正基之信讒構虛云."

85) 《숙종실록》, 같은 곳. "且極言兪彦明之夫妻, 不孝讒構之狀. 且言: '宗族呈狀, 皆是正基强囑而爲之. 至於夜行, 則乃是被迫所致, 而有隨行數婢, 彦明之弟彦亨, 亦踵至偕行, 實非單身獨走.'"

86) 《숙종실록》, 같은 곳. "泰英罪目中, 罵詈舅姑, 汚穢祭酒等事, 渠亦極口發明. 而兪命賚供辭, 謂之正基家往來時, 聞之正基處而已, 非有目見之事. 婢妾禮一供辭, 亦以爲全無所聞見."

87) 《숙종실록》, 같은 곳. "正基固難免不能善處之責. 泰英嫉怨其夫, 反欲甘心於其子彦明, 性行之乖戾, 此亦可見."

88) 《소학(小學)》, 〈명륜(明倫)〉, 제2. "男子入內, 不嘯不指, 夜行以燭, 無燭則止. 女子出門, 必擁蔽其面, 夜行以燭, 無燭則止."

89) 《승정원일기》 숙종 30년(1704) 11월 15일(3/9). "泰英之招, 許多辭說, 於其夫兪正基, 則雖有侵逼之端, 猶不敢肆然直斥, 專意構陷, 其子彦明者, 其爲計至深. 至於乘夜出往之時, 家中之人, 初不知其去處云, 則士族婦女, 設或爲夫家所迫逐, 若能稍知檢防, 必不至此. 而以正基之子彦亨及婢僕之追及於中路者, 觀之, 則亦非出於迫逐之致. 非但大失處身之道, 其爲性行之乖戾, 亦可以槪見, 誠如該府議啓中所論矣."

90) 《승정원일기》, 같은 곳. "第其罪目中, 罵詈汚穢等事, 最重."

91) 《승정원일기》, 같은 곳. "爲泰英者, 固無自服之理."

92) 《승정원일기》, 같은 곳. "而禮一所供, 則專在於自掩讒間之迹."

93) 《승정원일기》, 같은 곳. "故泰英之罪狀, 一切歸之於不知者, 亦其必然之勢."

94) 《승정원일기》, 같은 곳. "兪命賚, 則泛稱不得目見, 只聞於正基, 其言殊欠別白."

95) 《승정원일기》, 같은 곳. "正基則又拘於法理, 而難於憑問."

96) 《승정원일기》, 같은 곳. "然則其可只取泰英之招, 置之於疑信之間, 而不思所以反覆根究之道乎?"

97) 《승정원일기》, 같은 곳. "律有妻毆夫者, 離異, 須夫自告之文, 旣開自告之路, 則以其所告之事, 更爲憑問, 揆以名義, 非若以妻證夫之比."

98) 《승정원일기》, 같은 곳. "古有婦人, 以夫貧欲離, 官司從其請, 議者疑其害義, 朱子曰, 這般事, 都就一邊看不得, 似不可拘以大義, 只將妻欲離其夫, 別有曲折, 不可不根究." 밑줄 친 '將' 자는 '怕' 자의 오자다.

99) 《승정원일기》, 같은 곳. "且兪家宗族, 果未詳泰英乖戾之狀, 則惟正基反目之私言是信, 合辭誣訴, 無罪之婦人, 驅之於死地者, 實是常情之外. 命賚所供, 雖不別白, 聯名多人之中, 亦或有可以指的而明辯者, 該府惟當參量法義, 根究曲折, 得其情僞而後, 勘處."

100)《승정원일기》, 같은 곳.

101)《숙종실록》30년(1704) 11월 14일(2). "其後禁府堂上, 相繼辭遞, 而泰英在囚經年, 竟不許其離異."

102)《승정원일기》숙종 30년(1704) 12월 15일(6/20). "'兪正基議處云云, 今聞宗人所捉依幕, 乃本府羅將高姓人家云. 必是命賚子弟及宗人, 以其所構元草, 往來於命賚處是白乎喻. 問於命賚子弟及宗人, 則可知是如爲白有置. 命賚子廣基, 卽爲拿囚憑問後, 稟處, 何如?' 啓依允."

103) 이이명(李頤命), 〈판의금을 사직하고 겸하여 사책을 간직하는 일에 대해 진달하는 상소(辭判義禁兼陳藏史事疏)〉,《소재집(疎齋集)》:《한국문집총간》172, 138~139면. "且近日左議政臣徐宗泰, 以兪正基異姓之親而陳疏, 特有回避之命."

104)《승정원일기》숙종 31년(1705) 3월 5일(19/20). "吏曹判書徐宗泰上疏, 大槪: '臣於金吾重獄, 深有嫌礙, 而不敢參涉, 則決無仍冒之理, 伏乞亟命先遞判金吾兼任, 以便公私. 且陳注擬錯誤之罪, 乞遞本職事.' 入啓, 答曰: '省疏具悉. 泰英獄事, 令次官, 備員按覈, 未爲不可. 下款引嫌, 非係大段, 卿其安心勿辭, 從速行公.'"

105)《승정원일기》숙종 31년(1705) 3월 11일(18/19). "禁府啓曰: '日昨本府月令醫員手本內, 時囚罪人泰英, 囚繫多獄之後, 素患胸痛之症, 累月彌留, 其他諸症, 亦多危重云, 而係是重囚, 有難容易保放, 使之更加救療矣. 月令醫員鄭萬年, 再次手本內, 泰英前症, 數日內一向無減云. 在前病勢如此, 則或有保放救療之規, 敢此仰稟.' 傳曰: '依爲之.'"

106)《승정원일기》숙종 31년(1705) 윤4월 14일(16/16). "義禁府啓曰: '卽接月令醫員姜渭聘手本, 則保放罪人泰英, 病勢今已向差云, 卽爲還囚之意, 敢啓.' 傳曰: '知道.'"

107)《승정원일기》숙종 31년(1705) 6월 8일(8/10). "禁府啓目, 粘連泰英再次推問之下, 一向發明, 考覈情僞, 旣無訖路. 大臣獻議中, 以其所告之事, 更爲憑問, 揆以名分, 非若以妻證夫之語, 亦有所執, 兪正基, 拿囚憑問後稟處, 何如? 啓依允. 同府, 兪正基拿囚, 啓."

108)《승정원일기》숙종 31년(1705) 6월 12일(8/11). "禁府照目, …… 又啓目: '兪正基元情云云. 觀此所供, 則逐條辨破之說, 與泰英發明之辭, 節節相反. 而其中汚穢祭酒一款, 其家人兪厚基, 亦爲參見是如爲白去乎, 同兪厚基, 爲先拿問後稟處, 何如?' 啓依允."

109)《승정원일기》숙종 31년(1705) 6월 12일(9/11). "禁府, 兪厚基拿囚, 啓."

110)《승정원일기》숙종 31년(1705) 6월 15일(4/11). "禁府啓目, 兪厚基元情云云. 所供內各項辭緣及兪厚基汚穢祭酒一款, 泰英處, 更爲推問後, 處之. 兪厚基段, 或不無憑問之端, 泰英更推問, 仍囚, 何如? 啓依允."

111)《승정원일기》숙종 31년(1705) 9월 11일(11/13). "戶曹判書趙泰采上疏. 大槪, 臣於泰英獄事, 有不可參涉之嫌, 乞賜處分, 仍遞臣兼任, 以重獄體事. 入啓, 答曰: '省疏具悉. 罪人招辭, 極其放肆,

何足爲嫌? 卿其勿辭, 從速覆奏."

112)《숙종실록》31년(1705) 9월 12일(1). "而謂臣與兪命賚爲連姻之間, 至謂此獄事, 殊甚可慮云."

113)《숙종실록》, 같은 곳. "昨日開坐更招, 則以諺書納供, 而向其夫兪正基, 多有罔測之說."

114)《숙종실록》, 같은 곳. "按泰英當初供辭, 縷縷數千言, 翻讀成文, 皆有條理, 有若文士構成者然. 女人所對, 決不如是. 似有潛自主張指揮者, 而人莫能測. 其大要言其前室子彦明不孝之罪, 而窮極形容, 率多不近理, 而巧爲說者. 乃其再供, 誣陷其夫, 無所顧藉, 至引平日與其夫衽席間事, 以證其夫之無行檢, 見者駭異."

115) 이이명,〈좌참찬죽천금공행장(左參贊竹泉金公行狀)〉,《소재집》:《한국문집총간》a172, 436면. "前持平兪彦明之父正基, 嘗告其後妻泰英多悖行, 請離之. 法府按覈, 則泰英乃暴訐其夫內行. 又言彦明夫妻不善事之狀."

116)《승정원일기》숙종 31년(1705) 9월 29일(7/18). "禁府啓目粘連, 泰英更推云云, 辭多自明之言, 與兪正基招辭, 大相逕庭是白在如中, 自壬戌至戊辰七年之間, 連生子女事, 及借入泰英本家一款, 似當更爲憑問於正基是白乎旀, 兪厚基招內, 汚穢祭酒, 目見是如之說, 亦爲無據是如爲白有置, 此亦一體更推於厚基後, 稟處, 何如? 啓依允."

117)《승정원일기》숙종 31년(1705) 11월 25일(8/10).

118)《승정원일기》, 같은 곳. "平川君申琓以爲, 泰英之夜行, 旣不可論以失行, 厚基之立證, 亦不可謂之公證. 而性行之乖戻如此, 則絶與不絶, 惟在兪家, 而離異旣非國典, 奏讞亦無當律, 則以其現發於前後招辭中悖惡之言, 爲其罪而議罪, 似當."

119)《승정원일기》숙종 31년(1705) 12월 25일(7/7). "義禁府啓曰: '卽接月令醫員金兒興手本內, 罪人兪正基, 本以抱病之人, 七朔滯獄, 面部手足, 皆有浮氣, 而痎氣上衝, 有時窒塞, 不省人事, 達夜苦痛, 食飮專廢, 十分危重云."

120)《승정원일기》숙종 32년(1706) 2월 27일(14/16). "且夫婦間反目之事, 多出於愛憎之際, 則其中亦豈無不是底夫耶?"

121)《승정원일기》, 같은 곳. "申女所行則絶悖, 而罪名, 俱未顯著, 勢當以辱其夫之罪, 罪之, 而律文甚輕, 有司之臣, 則以律論罪之外, 更無他議."

122)《승정원일기》, 같은 곳. "自上若於讞啓中, 以別判付, 特令加罪則好矣."

123)《대명률》,〈형률〉, '妻妾罵夫期親尊長'. "凡妻妾罵夫之期親以下緦麻以上尊長, 與夫罵罪同. 妾罵夫者杖八十, 妾罵妻者罪亦如之." 이상의 경우는 모두 장 80이었다.

124)《승정원일기》숙종 32년(1706) 2월 27일(14/16). "李頤命所啓, 申女事, 當以律文議讞, 而禮一者, 卽兪正基之婢妾也. 當初禮一, 交亂其家, 亦多可痛之事, 正基·泰英被罪, 而禮一何獨無罪乎?

請令該曹從重科罪, 何如?"

125) 김진규(金鎭圭), 〈신태영의 이혼에 대해서 다시 의논할 것을 요청하는 상소(請更議泰英離異疏)〉, 《죽천집(竹泉集)》 174, 394~396면. "禮一前雖略配近地, 不足以懲其罪矣."

126) 《대명률》, 〈형률〉, '不應爲'. "凡不應得爲而爲之者, 笞四十. 律無條, 理不可爲者, 事理重者杖八十."

127) 《승정원일기》 숙종 32년(1706) 4월 17일(3/11). "而泰英, 則頃日前判義禁李頤命, 榻前陳達時, 以杖八十陳達, 則自上律文太輕爲敎矣. 更考律文, 有毆夫杖一百之律, 而泰英初無毆夫之事, 此律似不可比似, 罵夫乃泰英可比之律, 而罵夫律, 笞四十, 非杖八十也. 律文如是太輕, 而此外無他比擬襯合之律, 本府則律文之外, 有不敢輕議, 以此照入乎? 敢稟.' 傳曰: '知道. 泰英則笞四十·杖八十, 俱未免罪重律輕之歸, 特爲遠配." 동일한 기사가 《숙종실록》 32년 4월 16일조에 실려 있다. 《실록》을 편찬하면서 생긴 오류일 것이다.

128) 《승정원일기》 숙종 32년(1706) 4월 17일(10/11). "禁府, …… 泰英扶安縣定配, 啓."

129) 《승정원일기》 숙종 32년(1706) 4월 19일(7/10). "禁府照目, 兪正基矣, 不能齊家之罪, 杖八十贖, 奪告身三等, 私罪, 啓功減一等."

2장 | 유정기의 요청에 의한 이혼 재심 1706~1713

1) 《승정원일기》 숙종 32년(1706) 9월 10일(35/37). "至泰英, 上曰: 仍."

2) 《승정원일기》 숙종 32년(1706) 9월 9일(10/23).

3) 《승정원일기》 숙종 32년(1706) 12월 1일(5/13).

4) 《승정원일기》 숙종 34년(1708) 5월 21일(13/22). "益壽讀泰英罪目, 上曰: '仍.'"

5) 《승정원일기》 숙종 36년(1710) 6월 7일(8/13).

6) 《승정원일기》 숙종 39년(1713) 1월 25일(15/16).

7) 《숙종실록》 39년(1713) 4월 27일(3). "前秋陵幸, 正基上言駕前, 以聽法斷, 未及回啓, 遽爾身故." 유정기는 입방이 든 《대명률》 '처첩구부'의 '남편이 이혼하기를 원하면 들어준다.'는 조문을 다시 구실로 삼았다고 한다.

8) 《승정원일기》 숙종 39년(1713) 1월 25일(15/16). "此事關係, 實在倫綱, 則豈以其人之已故, 而仍置之於昧昧乎?"

9) 《현종실록》 9년(1668) 9월 20일(1).

10) 《현종실록》 9년(1668) 9월 22일(2).

11) 《현종실록》 9년(1668) 9월 24(2). "罪人非喜元情捧招之後, 卽當請刑, 而罪名旣重, 而實跡未著. 若以三省罪人, 旣施刑推之後, 則更無容議之地, 不可不愼重, 而以文字陳達, 不如面稟之詳盡, 明日若許登對, 則臣等各以所見仰達矣."

12) 《현종실록》 9년(1668) 9월 27일(3). "罪人非喜所犯, 旣非弑逆, 而又無罵詈之事. 只以不順之罪處斷, 則似當用大典後續錄: '罪犯綱常, 情理深重, 全家徙邊定配'之律. 而罪名甚重, 請收議于諸大臣稟處."

13) 《현종실록》 9년(1668) 10월 3일(3). "領府事李景奭議: '非喜旣非弑逆, 又無罵詈父母之事, 則以罪犯綱常斷之, 無乃太重乎? 此在禮律, 其罪在所當去. 臣以爲參以情法, 酌定得中, 使不至太重大輕.' 判府事鄭致和議: '罪人非喜, 非但常時不順舅姑, 其姑激怒得病, 終至不救之說, 旣出於其夫柳栥之招, 雖不可以三省治之, 亦不可只論其不順之罪, 參以情犯, 減死定配, 似或得宜.' 左議政許積·判府事宋時烈病不收議. 上命更收議贊善宋浚吉處, 亦令問議以啓. 左議政許積議: '遍考律文, 反復思量, 終不得其之當之條. 無已則參酌情法, 折衷比律, 投之荒裔, 以懲其惡, 以正風敎, 或不違於適輕適重之道.' 判府事宋時烈議: '臣意以爲, '旣曰其姑因渠致命, 則無論所犯輕重, 難以泛然不順之律處之, 恐當僅得免死而已.' 宋浚吉議: "非喜雖失孝順之道, 亦不過婦姑勃磎之類. 至於邂逅不幸, 實非渠之所期. 參酌用律, 恐或得宜.'"

14) 《숙종실록》 39년(1713) 4월 27일(3). "諸大臣皆以逆家及失身外, 無離異法爲對."

15) 이여의 의견은 그의 문집 《수곡집(睡谷集)》에 실려 있는 것이 《숙종실록》보다 약간 더 자세하다. 여기서는 이여(李畬), 〈유정기 처를 이혼시키는 일의 타당성 여부에 관한 헌의(兪正基妻離異當否議)〉, 《수곡집》: 《한국문집총간》 153, 169~170면을 인용한다.

16) 이여, 같은 글, 같은 곳. "夫婦, 五倫之始·三綱之本. 夫婦正而後, 倫綱可得而敍也."

17) 이여, 같은 글, 같은 곳. "聖人立七去之法, 以明正家之義."

18) 이여, 같은 글, 같은 곳. "若婦有惡行而夫不敢去, 雖至於悖倫亂常, 而惟以不相離爲道理, 則得不有傷於倫綱乎?"

19) 이여, 같은 글, 같은 곳. "東方之俗, 女子貞信, 一適不改, 雖被黜而終身自守, 故國法不許輕絶. 而若其罪惡干係法律者, 亦未嘗不許其離. 明律所載, 便是國典, 謂無離異之律者, 臣未知其然也."

20) 《숙종실록》 28년(1702) 8월19일(1). "洪禹瑞之於洪受瀗, 趙道彬之於趙泰采, 任堕之於李畬, 皆三寸之親也."

21) 이여, 앞의 글. "其彼此交訐之言, 旣係男女居室之事, 臣固未能斷其虛實. 而只以王府供辭論之, 泰英仇視其夫, 必欲構捏陷害, 使不得齒於人類者, 其情絶悖, 不特爲七去之惡而已. 不待根究, 卽此而可定其罪."

22) 김진규, 〈신태영의 이혼에 대해서 다시 의논할 것을 요청하는 상소〉, 《죽천집》 174, 394~396면. 《숙종실록》에 실린 것은 이 상소를 4분의 1 정도로 축약한 것이다. 여기서는 《죽천집》의 상소를 인용한다.

23) 김진규, 같은 글, 같은 곳. "其後七年之間, 泰英之罪無更發者. 而正基又上言請離藉口於大明律, 而律中夫願離者聽云者, 卽指毆夫而爲言, 固異乎泰英罪狀."

24) 김진규, 같은 글, 같은 곳. "至於大典所謂刑用大明律, 盖是他餘勘罪之事. 而離異之不載國典, 前日議者已言之詳矣. 其可强引, 以濟其私哉?"

25) 김진규, 같은 글, 같은 곳. "若夫祖宗朝一二故事, 則此一時特命, 恐不可援以爲常例. 其言之猥屑無據如此, 本本府未卽防啓."

26) 김진규, 같은 글, 같은 곳. "日者金有慶之疏踵起, 以丙戌所獻議者, 只一大臣, 謂之草草."

27) 김진규, 같은 글, 같은 곳. "而謬引非喜事而爲證, 請更議諸大臣儒臣, 其意盖以議者多則或有貳於前日大臣之議故耳. 若使泰英之罪, 有不發於前而發於後者, 則宜其更議, 而前後之罪名一也. 前旣究覈詢議而勘斷, 夫安有可以更議者乎?"

28) 김진규, 같은 글, 같은 곳. "老成大臣, 未及熱量於罪律之不當·國典之難撓·後弊之所關, 而所惡者只在於泰英之訐訴其夫, 遂斷之以倫綱之重, 必欲破常格而許離異. 此議泛看則似然, 而細究則可辨其不可."

29) 김진규, 같은 글, 같은 곳. "夫泰英之訐訴其夫, 在律當比罵夫. 罵夫輕於毆夫, 而乃以毆夫之聽離移, 勘於罵夫, 則不幾於三尺之低昂乎?"

30) 김진규는 이것을 '男女居室之際'란 말로 표현하고 있다.

31) 김진규, 앞의 글, 같은 곳. "而若乃男女居室之際, 妻妾妬媚之間, 愛憎靡常, 善惡無眞, 若一開此路, 則誠恐將來婦人之非其罪而失所抱寃者多矣."

32) 김진규, 같은 글, 같은 곳. "獻議大臣謂以夫婦五倫之始. 噫! 以始好五倫者, 而使或有無罪失所, 則此豈足王政之所可歟? 臣謂國法無離異之律者, 可見祖宗聖意之有在. 今大臣亦許以厚倫義, 而因其深惡一人, 不暇顧念後弊, 臣竊惜之. 噫! 於此三者而衡斷則今玆許離之當否, 較然明甚矣."

33) 《예기(禮記)》〈단궁(檀弓)〉. "不爲伋也妻者, 是不爲白也母."

34) 상소문은 《승정원일기》 숙종 39년(1713) 5월 7일(8/9)조에 실려 있는데, 부분적으로 빠진 글자가 있다. 같은 날짜의 《숙종실록》에 실린 것은 축약된 것이다. 가장 완전한 것은 이여의 문집인 《수곡집》에 실려 있는 것이다. 이여, 〈벼슬을 그만둘 사정을 아뢰고, 겸하여 유정기 처의 이혼에 대해 금부당상이 반박한 의논을 분변하는 상소(陳情乞歸, 兼辨兪正基妻離異禁堂駁議疏)〉, 《수곡집》 권7: 《한국문집총간》 153, 142~143면. 이것을 자료로 삼는다.

35) 이여, 같은 글, 같은 곳. "其疏有曰: '老成大臣, 不復熟量於罪律之不當, 國典之難撓, 後弊之所關, 而所惡者只在於泰英之訐訴其夫, 遂斷之以倫綱之重, 必欲破常格而許離異.'"

36) 이여, 같은 글, 같은 곳. "泰英之訐揚其夫過惡, 論其情則不啻重於毆夫, 而禁堂乃欲比之於相罵詈, 何其視夫婦之倫太輕也?"

37) 이여, 같은 글, 같은 곳. "離異, 固國典所不輕許, 而若有可離者, 則亦未嘗不許."

38) 이여, 같은 글, 같은 곳. "泰英常日罪狀, 其夫所告之言, 雖曰不足信, 卽其所供之乖悖而驗之, 足以斷其性行."

39) 이여, 같은 글, 같은 곳. "悽旣不夫其夫, 而欲使夫不絶其妻, 聖王正倫齊俗之政, 決不當若是也."

40) 이여, 같은 글, 같은 곳. "泰英, 古今罕聞之悖婦也. 其惡世不宜再有, 今以其見離, 慮有後弊, 不亦過乎?"

41) 이여, 같은 글, 같은 곳. "聖人著妬去之訓, 而不嫌於嫡妾之分. 子思出白也之母, 而不拘於母子之倫, 惟以其性行之可去耳. 今謂婦雖有惡行而去之, 有傷於嫡妾母子之倫者, 其與臣所聞異矣."

42) 이여, 같은 글, 같은 곳. "常法猶可屈, 倫綱不可不嚴."

43) 《숙종실록》 39년(1713) 5월 7일(1). "禁堂之疏, 不過各陳所見而已, 別無未安之端."

44) 《승정원일기》숙종 39년(1713) 5월 14일(7/13). "工曹判書金鎭圭上疏. 大概: '臣旣妄言, 致大臣不安. 又不能引君當道, 使諫官有言, 乞勘兩罪, 以安大臣之心, 以伸言者之氣事.' 入啓. 答曰: '省疏具悉, 兩件引嫌, 俱非大段, 安心勿辭, 從速行公.'"

45) 김진규, 〈거듭 이혼을 시켜야 한다고 주장한 판부사 이여의 상소와 정언 어유귀가 어진을 논한 일로 인해 대죄하는 상소(因判府事李 疏申離異之議, 正言魚有龜論御眞, 待罪疏)〉, 《죽천집》: 《한국문집총간》174, 396~398면.

46) 김진규, 같은 글, 같은 곳. "惟其關於倫常者三, 則宜參量均停, 毋使有偏重偏輕者, 而大臣因其深惡一人, 遂欲偏擧倫綱之重於其一而反忽其二者, 此固可惜."

47) 김진규, 같은 글, 같은 곳. "夫泰英事, 其關倫常者有三, 夫婦也母子也嫡妾也. 臣於前疏之首, 旣言正基·泰英之交惡, 爲人倫之變. 又言泰英爰辭之暴訐正基內行, 所言絶悖. 又言泰英固悖惡, 則此豈近於惟恐泰英之或冤, 而亦何嘗以大臣之謂以倫綱爲非乎?"

48) 김진규, 같은 글, 같은 곳. "而況泰英之所以訐訴者, 盖緣欲免其罪, 言雖絶悖, 亦與無端告其夫過惡者有異, 則何可直斷以陷夫" '陷夫'에서 '陷' 자 앞에 글자가 빠진 것으로 되어 있다. 《숙종실록》에는 '陷夫'로 되어 있어 바로잡았다.

49) 김진규, 같은 글, 같은 곳. "而泰英之其所至此者, 本由於禮一之以婢妾而讒間凌辱. 且其所供

之及其子與子婦者, 雖未保其虛實, 正基於旣棄旣罪之後, 猶必欲離異者, 出於爲子之地, 卽人所共知也. 然則今之獨深罪泰英, 欲以此立人紀者, 竊恐其終歸於爲子而絶母, 因婢妾而廢主母耳."

50) 김진규, 같은 글, 같은 곳. "臣前疏之以爲泰英許訴, 可比罵夫而不可比歐夫. 蓋以許訴與罵, 同出於口, 歐以手足, 是固有輕重, 而歐之重又易至死傷. 此法律所以差等, 則今不可低昂於三尺之外."

51) 김진규, 같은 글, 같은 곳. "而大臣乃謂以不宜重於歐夫, 至證以怙終賊刑. 夫所謂怙有恃終再犯, 泰英雖惡, 固無怙, 亦非再犯, 則此果可以爲例耶? 泰英所以許訴其夫儘悖矣. 然論人之道, 猶可以一事斷其性行, 而若乃王府勘律, 惟當據其事以正其罪, 何可抑勒於法律之外哉!"

52) 김진규, 같은 글, 같은 곳. "況泰英之不夫其夫, 實由正基之先失夫道, 而乃不究其本, 施法律所無之離異於泰英者, 適所以傷其母子嫡妾之倫, 而謂之正倫齊俗, 非臣愚之所能曉也."

53) 김진규, 같은 글, 같은 곳. "泰英之悖, 固世罕有, 而王者之立法, 以復父讎之合於天理人情而不告有司則有罪, 奴主之分嚴甚, 以主而殺奴宜無罪而罪擅殺."

54) 김진규, 같은 글, 같은 곳. "此等事, 咸所以慮後弊也, 則今朌開祖宗成憲之所未有, 而謂無可慮之後弊耶?"

55) 이여, 〈벼슬을 그만둘 사정을 아뢰고, 겸하여 유정기 처의 이혼에 대해 금부당상이 반박한 의논을 분변하는 상소〉. "聖人著妬去之訓, 而不嫌於嫡妾之分, 子思出白也之母, 而不拘於母子之倫, 唯以其性行之可去耳."

56) 《소학》 내편, 〈명륜〉. "婦有七去. 不順父母, 去; 無子, 去; 淫, 去; 妬, 去; 有惡疾, 去; 多言, 去; 竊盜, 去."

57) 김진규, 앞의 글, 같은 곳. "禮所謂妬去者 先儒註以爲爲其亂家, 今雖以意推之, 此謂乖亂家道, 由妬婦而始之也. 夫豈惑於婢妾, 黜其妻妾之所可比."

58) 김진규, 같은 글, 같은 곳. "而若乃子思之出妻, 以其妻自有可出之罪也. 寧有母子失歡, 爲子絶母之事. 而乃以聖門齊家之正, 擬於正基之家道也耶?"

59) 김진규, 같은 글, 같은 곳. "且離異之法, 實爲其同室而設, 苟非失行之顯著者, 則其夫死後固無可施之地. 此臣前疏所以爲言, 而大臣乃以不可同穴共櫝, 爲可離之端. 夫合葬合櫝之於繼室, 雖無故者, 先儒之論, 自有異同. 況近世儒賢家於有故者, 亦有別葬別廟, 而不請離, 此可見合葬合櫝與否, 初不係於離不離. 惟在當之者之自酌禮意, 而今朝家乃曲慮彼私家之所以處之者, 施法典所無耶?"

60) 김진규, 같은 글, 같은 곳. "臣之前論非喜事, 蓋辨金有慶所援引之誤, 而今大臣亦以爲言, 故申其前說. 非喜之忤逆其姑, 至於致死, 其罪不順莫大矣. 不順父母, 在七去爲首. 而儒賢所獻議, 先朝所處分, 不及於離異者, 豈不爲其法律所無? 而今乃以泰英許訴, 爲重於非喜而可離耶?"

61) 김진규, 같은 글, 같은 곳. "抑臣於此事, 又有所慨然者. 當正基之始以不孝與失行, 聲罪泰英

也. 有一臺官不請明査, 遽先請離, 因僚臺與禮官之駁議, 遂行査, 而旣査而不成獄, 則前所請者歸虛."

62) 《肅宗實錄》31년(1705) 3월 26일(2). "掌令朴台東啓曰: '……頃在憲職也, 以申女事, 有所論啓, 而直以先離後査爲請. 其所持論, 旣未得當, 及其按問之後, 事多不實, 則一番自列, 在所不已, 而連入臺省, 厭然自掩.'"

63) 김진규, 앞의 글, 같은 곳. "而正基於其許久之後, 又添以搆辱之罪, 强請離異, 以一人之身而移易其罪名. 有慶又於正基死後, 不顧法例, 必請更議者, 是皆不可謂無所爲而然也."

64) 김진규, 같은 글, 같은 곳. "今大臣之言雖異於是, 所據者倫綱, 而然由其所惡之偏, 遂與臣之欲參量均停於夫婦·母子·嫡妾之倫而謹守法律者, 終不合."

65) 임방, 〈공조 판서 김진규 상소로 인해 신태영의 일을 논하며 사직하는 상소(因工曹判書金鎭圭疏論泰英事辭職疏)〉, 《수촌집》:《한국문집총간》149, 150~152면.

66) 임방, 같은 글, 같은 곳. "泰英則旣自絶其夫, 而使正基終莫敢絶其妻, 今至死後而猶然, 綱常之壞莫甚於此. 夫婦之倫, 豈以死生而有異哉! 泰英之可離, 考諸禮律, 揆以義理, 昭昭甚明, 無一可疑. 而朝議分岐, 是非靡定, 以聖明之英斷, 旣命還停, 至于今未決, 臣竊慨惜而莫曉其故也."

67) 임방, 같은 글, 같은 곳. "而世之謗毀者, 乃謂臣與正基相親, 偏聽其言而有此啓."

68) 임방, 같은 글, 같은 곳. "臣雖與正基有相識之分, 至其隣里喧傳之言, 則非正基之所能誣也. 因人心之所共憤, 擧以論之者, 爲彝倫也爲風教也, 況論罪婦人, 何等重大, 而不明知其狀, 但偏聽其夫黯昧搆捏之言, 至於請離乎? 臣雖無狀, 決不爲此也."

69) 임방, 같은 글, 같은 곳. "而臣若不爲一言, 則臣之初啓, 將歸於懷私偏信."

70) 《승정원일기》숙종 39년(1713) 5월 20일(18/18). "宇杭曰: '臣有稟定事矣. 頃以人家妾孫喪制及兪正基妻離異事, 在京大臣處, 收議後, 依李判府事獻議得宜, 爲敎矣. 又於金鎭圭疏批, 以在外大臣·儒臣處收議爲敎, 故下送禮官收議上來後, 仰請上裁, 則傳曰:〈知道.〉喪制事, 依李判府事議施行, 而泰英事, 姑無傳敎. 此一款, 不敢詳知, 而金鎭圭之疏, 又請雜議於禮官·獄官, 臣意則旣已收議於諸大臣·儒臣, 則唯在上裁處之如何, 又安有禮官·獄官雜議之事乎?' 上曰: '當初工判金鎭圭之疏, 旣請收議於外大臣·儒臣, 而令禮官·獄官雜議, 故喪制事, 以依李判府事議施行爲敎, 而泰英事, 姑不發落矣.' 宇抗曰: '諸大臣·儒臣, 旣已獻議, 則更爲收議於禮官·獄官, 事體未安矣.' 上曰: '所達, 何如?' 濡曰: '臣亦參於收議中, 而臣之獻議, 固無可取, 然他大臣所論, 必有合於聖意者, 自上參酌取舍, 事體當然, 故禮官所達如是, 而雜議之敎, 蓋出於益加詳審之意, 博採衆議, 亦似無妨, 惟在聖上之裁量而已.' 上曰: '禮官·獄官, 坐起後, 與之商確, 務歸得當, 不知其有所妨礙. 依此爲之, 可也.'"

71) 《肅宗實錄》39년(1713) 5월 21일(3).

72) 이여, 〈병으로 인해 입궐하여 어진을 우러러보지 못한 일로 대죄하고 겸하여 금부당상의 두 번째 상소를 분변하는 차자(以病未入瞻御眞待罪, 兼辨禁堂再疏箚)〉, 《수곡집》: 《한국문집총간》 153, 143~144면.

73) 이여, 같은 글, 같은 곳. "今若謂夫婦之倫, 不列於三綱, 則已矣. 旣曰均是三綱, 則婦告夫惡, 子告父惡, 其逆天常壞人紀等也. 在王法, 爲必誅之罪, 尙可論其有端無端乎?"

74) 이여, 같은 글, 같은 곳. "況其所告其夫醜行, 果非所得已於發明已罪者乎. 不過乘其恚怒, 發揚隱惡, 其情灼然, 謂其陷害, 實臣之所未解也. 禁堂於此看得, 失之太輕."

75) 이여, 같은 글, 같은 곳. "泰英恃正妻禁離絶, 肆爲悖逆, 非怙而何? 一告夫惡, 猶爲不足, 至於再告, 非終而何."

76) 이여, 같은 글, 같은 곳. "其夫固無狀, 其不能正家, 固有罪矣, 而其妻悖逆至此, 則必令與之配合, 終保夫婦之義, 豈得爲夫夫婦婦之化乎?"

77) 이여, 같은 글, 같은 곳. "國朝離異固罕有, 而謂之無其法則不然. 今乃以泰英見絶, 慮爲後弊, 而獨不念惡妻悖婦, 亂其夫家, 而無所知戒, 則其弊爲尤大乎?"

78) 이여, 같은 글, 같은 곳. "丙子亂後, 初以被擄女失節, 異於失行, 不許離絶. 及至孝廟, 諸儒賢萃于朝, 而不問存歿, 並令離絶. 臣未知使諸賢尙在者, 其議此事, 果在所離乎, 在所不離乎?"

79) 이여, 같은 글, 같은 곳. "凡所條論, 大抵一意也. 夫父子交訴, 罪在於其子; 夫婦交惡, 罪歸於其婦. 此, 古今之通誼也."

80) 권상하, 〈첩손이 그 조모를 위해 대신 상복을 입을 수 있는지의 여부와 신태영 사건에 대한 헌의(妾孫爲其祖母代服當否及泰英事議)〉, 《한수재집》: 《한국문집총간》 150, 84~85면.

81) 권상하, 같은 글, 같은 곳. "至於泰英事, 臣跧伏草萊, 其於朝家法典, 尤所昧昧, 亦何敢妄有所對. 然臣竊見判府事臣李畬所獻之議, 則斷以禮法, 義理嚴正, 雖使臣有所論列, 亦豈外此而別有他見哉? 伏惟上裁."

82) 김우항, 〈유정기 처 신태영을 이혼시키는 일의 타당성 여부에 관한 헌의. 계사년 윤5월 초8일 ○예조판서 겸 판의금으로 있을 때다. ○ 지의금 김진규, 동의금 남치훈·이선부, 예조참판 민진원이 한 곳에 모여 여러 모로 같이 의논하였다(兪正基妻泰英離婚當否議 癸巳閏五月初八日 ○禮判兼判義禁時 ○知義禁金鎭圭, 同義禁南致薰·李善溥, 禮曹參判閔鎭遠齊坐雜議)〉, 《갑봉유고(甲峰遺稿)》: 《한국문집총간》 a158, 359면. 윤5월 8일. "泰英惡行之發於兪正基訐訴者, 無他公證, 雖不足准信, 泰英之王府供辭, 暴揚其夫之內行, 極意陷害, 無所不至, 其言悖悖, 罪狀彰著. 夫婦之義, 更無可論. 倫常之變, 莫大於是. 渠已自絶於其夫, 其夫之願離, 固其宜也. 而當其勘罪之時, 無相當可擬之律. 禁府啓稟, 特命遠配, 蓋緣離婚之法, 國典所無, 大明律歐夫聽離, 亦非當律故也. 其夫生存之時, 猶不許離, 到今其夫旣死之後, 法外離異, 有難輕議."

83) 권상하, 〈답혹인(答或人) 5(五)〉, 《한수재집》: 《한국문집총간》a150, 350면. "申某來言兪彦明 不服其繼母喪, 傳台意問其是非. 鄙意申女之他罪, 非外人所知, 而禁府招辭, 暴揚其夫之過惡, 是妻 自絶夫也. 其夫生時不以妻待之, 設令其夫而存, 必不爲其妻服朞. 父之所不服, 子何敢獨自服喪乎? 雖以此得罪於朝家, 何忍背其父也. 鄙意以爲不服是矣."

3장 | 9년간의 이혼 소송은 무엇을 남겼는가

1) 《경국대전》(번역편) 형전 〈금제〉, 한국정신문화연구원, 1995, 442면. "受婚書而再許他人成婚 者, 其主婚者論罪, 離異."

2) 물론 이것은 원칙이었고, 이 원칙을 어기고 아내를 동반하는 경우도 더러 있었다.

3) 성여학(成汝學), 〈처불욕존(妻不欲尊)〉, 《어면순(禦眠楯)》. "妻不欲尊. 一士子善狎妓, 室人語士 子曰: '男兒薄於室人, 溺娼兒何故?' 士子曰: '室人有相敬相別之義, 可敬而不可狎. 至於娼兒, 逞情 從欲, 淫戲昵玩, 無所不至. 敬則疎, 昵則親, 理之然也.' 室人勃然曰: '我欲尊乎? 吾欲別乎?' 亂擊 不已."

4) 서거정(徐居正), 《태평한화활계전(太平閑話滑稽傳)》. "有斯文楊姓者 …… 家有女奴, 欲私之. 詐 稱腹痛, 潛請醫, 令處女合足心, 立癒. 夫人信而許之. 又潛私奴妻, 奴偵知矣. 楊詭奴懸于墻, 良久不 解 遂私焉."

5) 이항복(李恒福), 《백사집(白沙集)》 제3권, 묘갈(墓碣), 〈증 자헌대부 이조 판서 홍공 묘갈명(贈 資憲大夫吏曹判書洪公墓碣銘)〉. "承旨公晩畜婢妾, 頑暴不率, 居家喜造爲不法事. 承旨老益倦, 或不能 一切以禮法繩之, 讒說甚撓, 勢甚杌桿, 而公夔夔齊栗. 及承旨歿, 舊業餘爲其掩有者, 一無間, 婢亦 感悅."

6) 《세종실록》 14년(1432) 6월 27일(1). "大抵爲妾之徒, 苟利主翁一時之愛, 妬寵怙勢, 凡所利己, 無不爲之."

7) 《승정원일기》 숙종 원년(1675) 6월 23일(14/18).

8) 《승정원일기》 숙종 원년(1675) 7월 2일(3/3).

9) 《영조실록》 28년(1752) 4월 18일(9). "其妻朴氏以二十年疎逐之身, 來到喪次, 臣之母子衣服 · 什 物 · 田地, 盡奪而逐出."

10) 《세종실록》 8년(1426) 2월 20일(4).

11) 《세종실록》 9년(1427) 9월 5일(2).

12) 《세종실록》 12년(1430) 7월 22일(5).

13) 《세종실록》 21년(1439) 윤2월 4일(3).

14) 《세종실록》 21년(1439) 11월 10일(1).

15) 《대명률》, 〈호율(戶律)〉, '妻妾失序'. "若有妻更娶妻者, 亦杖九十, 離異."

16) 《태종실록》 2년(1402) 6월 11일(7).

17) 《태조실록》 6년(1397) 7월 25일(4).

18) 《세종실록》 9년(1427) 9월 3일(2).

19) 《세종실록》 22년(1440) 6월 10(1)·12(1)·17(1)·18(1·2)·19(1·2).

20) 《성종실록》 5년(1474) 10월 10일(4), 11월 1일(4).

21) 《성종실록》 5년(1474) 11월 2일(2).

22) 《성종실록》 5년(1474) 11월 13일(7).

23) 《성종실록》 5년(1474) 11월 18일(4).

24) 《중종실록》 12년(1517) 12월 20일(2)·30일(1).

25) 《중종실록》 12년(1517) 윤12월 22일(4).

26) 《중종실록》 23년(1528) 3월 2일(1).

27) 《중종실록》 23년(1528) 3월 2일(1), 31년(1536) 11월 15일(1).

28) 《중종실록》 31년(1536) 11월 1일(1)·11일(1), 12일(1), 15일(1).

29) 《중종실록》 38년(1543) 1월 17일(3·4)·20일(3), 2월 12일(2), 4월 7일(1), 8월 17일(1).

30) 《중종실록》 38년(1543) 11월 10일(2), 39년(1554) 8월 8일(1).

31) 《성종실록》 19년(1488) 5월 22일(2).

32) 《중종실록》 5년(1510) 2월 3일(1).

33) 《중종실록》 5년(1510) 2월 5일(3). "是必士族婦女妬悍者之所爲, 予甚痛焉."

34) 《중종실록》 26년(1531) 1월 28일(3).

35) 《중종실록》 26년(1531) 1월 30일(1). "意以爲妬忌所致."

36) 《중종실록》 28년(1533) 1월 27일(1). "栗島棄屍, 必是大家悍婦之妬殺."

37) 《명종실록》 11년(1556) 6월 23일(1). "女人殘傷致死之事, 多出於婦女妬忌之心."

38)《세종실록》22년(1440) 6월 19일(2). "孟畇柔懦疲軟, 治家不嚴, 見制於婦人, 妾婢之見殺, 不能禁制, 殊失陽剛之道."

39)《세조실록》13년(1467) 2월 25일(3). "性妬悍放蕩."

40)《예종실록》1년(1469) 10월 6일(3).

41)《중종실록》12년(1517) 5월 27일(1), 6월 3일(1)·9일(1)·26일(1), 7월 6일(1).

42)《중종실록》12년(1517) 6월 3일(1).

43)《중종실록》10년(1515) 6월 14일(1).

44)《선조실록》34년(1601) 4월 1일(6). "準後妻宋氏, 妬悍驕恣, 奴使夫, 凡干號令, 皆從衙出."

45)《예종실록》1년(1469) 6월 22일(6).

46)《중종실록》12년(1517) 윤12월 20일(1). "又辱其泰孫曰: '汝以醜貌老嫗, 又無氣力, 恃何事而爲婚, 使我憔悴也? 莫如遄死之爲愈.'"

47) 다음 사례를 보라. 동일한 사건은 발견되지만, 빈도수가 현저히 떨어진다.
현종 7년, 감역(監役) 박순(朴錞)의 처 조씨(趙氏)는 박순이 성관계를 가진 여종을 혹형으로 다스린 결과 죽게 함. 익풍군(益豊君) 이속(李洓)의 처 임씨(任氏) 역시 이속이 성관계를 가진 여종을 이속이 죽은 후 징치하려 했는데, 여종이 달아나자 여종의 어미를 혹형으로 죽이고 시체를 유기한다.《현종실록》7년(1666) 6월 18일(1).
숙종 3년, 남부의 사인(士人) 이익대(李益大)의 아내 아정(阿貞)이 이익대와 성관계를 가진 여종을 죽이려고 혹형을 가하자, 아버지 유섭(柳涅)이 극력 막았으나 듣지 않자 분노에 차서 술을 마시고 사망한다. 아정은 아홉 차례의 형벌을 받고서 옥에서 사망하고, 이익대는 가정을 다스리지 못한 죄로 장을 치고 풀어주었다.《숙종실록》3년(1677) 4월 24일(1).
숙종 17년 11월, 사인(士人) 윤지성(尹志聖)의 아내가 천첩을 때려죽인 죄로 장을 맞고 유배되었다. 윤지성 역시 집안을 다스리지 못한 죄로 처벌을 받았다.《숙종실록》17년(1691) 11월 11일(1), 28일(2).
영조 6년, 영유 현령(永柔縣令) 오수엽(吳遂燁)이 읍기(邑妓)와 성관계를 갖자 아내가 기생의 어미에게 분노를 옮겨 곤장을 쳐서 죽임.《영조실록》6년(1730) 9월 5일(1).
영조 48년 5월, 내의(內醫) 허온(許溫)의 아내가 천첩(賤妾)에게 참형(慘刑)을 가해 죽였으므로 흑산도로 유배하고, 허온은 내의원에서 이름을 삭제함.《영조실록》48년(1772) 5월 5일(3).

48)《숙종실록》45년(1719) 11월 3일(3),《경종실록》2년(1722) 7월 29일(2).

49) 성대중(成大中),《청성잡기(靑城雜記)》제3권 성언(醒言). "兪彦明繼母, 告以不孝, 彦明辭曰,

與其有言而生, 不若無言而死, 竟無所對, 並得減死論."

50) 《한국계행보》 천(天), 2353면. "以不孝坐廢溺水死."

51) 《한국계행보》, 같은 곳. "泰英招辭, 全取罪於正基前妻之子彦明. 彦明由此廢棄, 人多斥絶, 獨李晚堅及親友數三人悲憐而不忍絶. 盖泰英誣衊之言, 怒其父而移鋒於其子. 然彦明亦不得無罪. 使正基若回其計不成, 則必不呈官. 在彦明道理, 則無論事之成不成, 渠若至誠諫止, 則其父決不爲此, 惜乎, 其不能也. 故曰彦明不得無罪. 此可爲後人之戒."

52) 《승정원일기》 숙종 30년(1704) 9월 30일(2/13). "金致龍啓曰: '大司憲宋相琦, 執義金相稶, 掌令任埅, 持平沈宅賢, 避嫌退待, 掌令成碩夔受由在外, 持平兪彦明在外. 今日以監察茶時之意, 敢啓.' 傳曰: '知道.'"

53) 《승정원일기》 숙종 30년(1704) 12월 1일(2/7).

54) 유척기(俞拓基), 〈유정언회지언명애사(兪正言晦之彦明哀辭)〉, 《지수재집(知守齋集)》: 《한국문집총간》 a213, 349~350면. "杞溪兪晦之, 以歲己酉之二月庚辰, 疾卒于西湖之舊居. 嗟乎, 嗟乎! 晦之十九, 入國庠成進士, 三十四, 策名登第, 事我蕭廟. 由堂后踐郎署, 出入薇垣·栢府, 磨礪角圭, 伉直自好, 信心直前, 刺論事臧否, 侃侃無所饒, 不肯隨俗爲俯仰枯槁態, 世固推之爲一代名流, 而仄目而不喜之者, 亦已多矣. 仕于朝甫六歲, 而家難作, 遂一廢而不復, 窮居二十有六載, 得年僅六十四."

결장 | 여성 훈육의 시작과 실패

1) 이하 〈우암선생계녀서〉에 대해서는 강명관, 《열녀의 탄생》, 돌베개, 2009, 396~419면을 볼 것.

2) 한원진(韓元震), 〈한씨부훈(韓氏婦訓)〉 〈대첩잉장(待妾媵章)〉 제6(第六), 《남당집(南塘集)》 2: 《한국문집총간》 202, 71면. "雖使家長惑溺妾媵, 疎薄正嫡, 爲正嫡者, 但當推分委命, 不思忿爭, 待妾媵不改於常, 事家長益致其敬, 則妾必知感, 而夫或悔悟矣. 若不出此, 惟以忿爭欲勝之, 則不惟不能勝, 是將增怨於妾, 愈阻於夫, 而或不免於黜辱之患矣, 果何益哉! 且觀世間家變之作, 多由於嫡妾之相爭. 小則內外乖隔, 譴罰常行, 子女不獲安, 婢僕無所容, 而氣像愁慘, 家道日紊矣. 大則嫡妾之間, 讐怨次骨, 常懷鴆毒, 陰圖隂忿, 興妖作孽, 無所不至, 而禍延子孫, 家無噍類矣. 此皆正嫡之過於妬寵而取怨之深也, 可不戒之哉!"

3) 이에 대해서는 《열녀의 탄생》, 380~390면을 볼 것.

4) 이익(李瀷), 〈이혼(離昏)〉, 《성호사설(星湖僿說)》 권15, 인사문(人事門). "國法無出妻之文. 有兪某者, 告其妻亂行, 兩造辨訟, 獄不成. 妻亦性悖, 無夫婦禮. 重臣皆議國無出妻之律, 不許其離昏."

5) 이익, 같은 글, 같은 곳. "說者固慮其無罪而被黜, 獨不念有罪不黜, 有無限敗教也耶. 是以人風

一變政在閨壼, 千過萬惡, 不復可得以禁制矣."

6) 이익, 〈출처(出妻)〉,《성호사설》권8, 인사문. "國法, 改嫁子孫, 不許淸路, 故士族恥之. 其流之弊, 雖絶悖之行, 輒諉諸無出妻法, 不許離絶. 於是女權太重, 家道不成."

7) 이익, 같은 글, 같은 곳. "余多見有悍婦者, 事事屈抑, 無敢出氣者, 其於爲人, 無足觀然, 終爲保家之主. 或性不低下, 相與鬪鬩, 有反目之誚者, 終身苦惱, 婚姻不通, 乖亂難諱, 其利與害如此."

8) 이익, 같은 글, 같은 곳. "妻固配體. 然酒醴則有之而曰無, 妾媵則無之而曰有. 違拂閫亂, 丈夫之心, 時或欲歐. 彼武夫, 安可刻責耶?"

9) 이익, 같은 글, 같은 곳. "國之懲惡, 教之不從, 治之; 治之不從, 殺之, 所以威行. 彼女性無良, 又無出法, 雖聖智無奈何也. 其妬猜, 固無異也. 不孝不敢去, 世道豈不每下乎? 或曰: '不然則女將無罪而被出者多,' 此為婦女左袒之說也. 聖人豈不慮此而立七出之制乎? 法未有無弊, 獨不見不孝不順敗教亂家之為尤害乎?"

10) 이덕무(李德懋), 〈부의(婦儀)〉1,《사소절(士小節)》,《청장관전서(靑莊館全書)》:《한국문집총간》a257, 522면. "夫主之置側室, 緣吾之有痼疾, 不親家務, 或久而無子, 不可以承宗祀也. 夫主雖不欲有之, 古之賢妻必勸其夫, 廣求良淑, 教之有式, 代吾勞也, 何暇妬之哉! 或吾無疾, 又有子而夫主食色, 廣置姬人, 喪性虐行, 蠱惑迷溺, 不顧父母, 家産蕩敗, 當須務積誠意, 丁寧勸戒, 繼之涕泣, 明示其出於愛惜, 不出於妬也, 則豈無感悟之理? 只緣性狹, 肆其恚毒, 至使夫妻反目, 甚至咀呪戕害, 無所不至, 可不悲哉!"

11) 이덕무, 같은 글, 같은 곳. "嫡妾之間, 恩威幷行, 然後家道不亂." 徒恩而已, 則妾态而陵分. 徒威而已, 則妾怨而圖害. 然賢妾不然."

12) 이덕무, 같은 글, 같은 곳. "徒恩而已, 則妾态而陵分. 徒威而已, 則妾怨而圖害. 然賢妾不然."

13) 이덕무, 같은 글, 같은 곳. "妾固賤於嫡, 然是夫子之所安, 不可侮而虐之, 同於臧獲. 且其子卽吾子之兄弟, 吾夫之所生, 吾舅吾姑之血氣也, 可不愛之如吾子耶? 然世之嫡妻, 或有驅迫之如牛馬, 陵疾之如仇敵, 只緣妬其母, 罪及於其子, 殊不知爲吾子之同氣, 吾夫與吾舅姑之所遺也."

14) 이덕무, 같은 글, 같은 곳. "故其子又傲傚其母之攸爲也, 從而鄙侮其兄弟. 丈夫又畏其妻之妬也, 始薄視其愛子也. 俗習膠固, 天彝乃斁, 專由於一妬字."

15) 이덕무, 같은 글, 같은 곳. "嫡子·嫡婦·嫡孫, 雖幼冲而妾母自初撫養勞苦, 然若或凌蔑, 側目而視, 惡言相加, 譖愬流行, 誠亂家之兆也. 家長當明察嚴懲, 無少寬貸, 杜絶其漸. 古來骨肉殘戕, 家國覆亡, 歷歷可鑒."

신태영의 이혼 소송 1704~1713

지은이 | 강명관

1판 1쇄 발행일 2016년 3월 28일

발행인 | 김학원
경영인 | 이상용
편집주간 | 위원석 황서현
편집장 | 강창훈
기획 | 문성환 박상경 임은선 최윤영 조은화 전두현 최인영 이혜인 정다이 이보람
디자인 | 김태형 유주현 임동렬 최우영 구현석 박인규
마케팅 | 이한주 김창규 이선희 이정인 이정원
저자·독자서비스 | 조다영 채한올(humanist@humanistbooks.com)
스캔·출력 | 이희수 com.
조판 | 홍영사
용지 | 화인페이퍼
인쇄 | 청아문화사
제본 | 정민문화사

발행처 | (주) 휴머니스트 출판그룹
출판등록 | 제313-2007-000007호(2007년 1월 5일)
주소 | (03991) 서울시 마포구 동교로23길 76(연남동)
전화 | 02-335-4422 팩스 | 02-334-3427
홈페이지 | www.humanistbooks.com

ⓒ 강명관, 2016
ISBN 978-89-5862-320-5 93900

• 이 도서의 국립중앙도서관 출판예정도서목록(CIP)은 서지정보유통지원시스템 홈페이지(http://seoji.nl.go.kr)와 국가자료공동목록시스템(http://www.nl.go.kr/kolisnet)에서 이용하실 수 있습니다.(CIP제어번호: CIP2016005373)

편집주간 | 황서현
기획 | 전두현(jdh2001@humanistbooks.com) 박상경 정다이
편집 | 김선경 임미영
디자인 | 김태형